Christa Spannbauer
Der Stimme des Herzens vertrauen

Das Buch

„Dieses Buch ist ein Plädoyer für einen sanften und achtsamen Umgang mit unserem Herzen. Es ist gespeist von der Erfahrung, dass wir einzig auf dem Weg des Herzens das Leben in seiner ganzen Fülle auskosten können. Mit diesem Buch möchte ich Sie, liebe Leserinnen und Leser, dazu ermutigen, in intensiven Kontakt mit ihrem Herzen zu kommen, Ihrer Intuition zu vertrauen und sich auf die Suche nach den Visionen des eigenen Lebens zu machen."   *Aus dem Vorwort*

Christa Spannbauer nimmt uns mit auf die Suche, damit wir den göttlichen Funken im Herzen finden und entfachen, durch den wir uns und der Welt mehr Frieden schenken können.

Die Autorin

Christa Spannbauer (M.A.) lebt als Autorin und Seminarleiterin in Berlin. In ihren Publikationen und Vorträgen beschäftigt sie sich mit der Frage nach dem gelingenden Leben und zeigt die Alltagstauglichkeit der Weisheitswege aus Ost und West für den modernen Menschen auf. Ihre langjährige Zen-Praxis sowie ihre Ausbildung in achtsamkeitsbasierten Mitgefühlstraining (MBCL) unterstützen sie darin.

www.christa-spannbauer.de

Christa Spannbauer

Der Stimme des Herzens vertrauen

Erfüllt und achtsam leben

HERDER

FREIBURG · BASEL · WIEN

MIX
Papier aus verantwor-
tungsvollen Quellen
FSC **FSC® C083411**
www.fsc.org

Neuausgabe 2018

© Verlag Herder GmbH, Freiburg im Breisgau 2015
Alle Rechte vorbehalten
www.herder.de

Umschlaggestaltung: Designbüro Gestaltungssaal
Umschlagmotiv: © shutterstock

Satz: Layoutsatz Kendlinger Mediendesign, Freiburg
Herstellung: CPI Books GmbH, Leck

Gedruckt auf umweltfreundlichem, chlorfrei gebleichtem Papier
Printed in Germany

ISBN 978-3-451-03104-5

Inhaltsverzeichnis

Die Botschaft des Herzens

*… wenn du nicht von den Dingen
tief in deinem Herzen schreibst,
was ist denn da der Sinn,
so viele Worte zu machen.*

Meister Ryokan

Dieses Buch ist ein Plädoyer für einen sanften und achtsamen Umgang mit unserem Herzen. Es ist gespeist von der Erfahrung, dass wir einzig auf dem Weg des Herzens das Leben in seiner ganzen Fülle auskosten können. Mit diesem Buch möchte ich Sie, liebe Leserinnen und Leser, dazu ermutigen, in intensiven Kontakt mit ihrem Herzen zu kommen, Ihrer Intuition zu vertrauen und sich auf die Suche nach den Visionen des eigenen Lebens zu machen.

In vielen Weisheitstraditionen der Welt gilt das Herz als das Zentrum von Liebe, Mitgefühl und Weisheit und damit als das Tor zum wahren Selbst. So erblickte der griechische Philosoph Aristoteles im Herzen den Mittelpunkt des Lebens und den Sitz der menschlichen Seele. Der japanische Zen-Meister Ryokan schrieb: „Wenn du das Geheimnis des Buddhismus wissen möchtest, hier ist es: Alle Dinge sind im Herzen." Im Taoismus gilt das Herz von jeher als das emotionale und verstandesmäßige Zentrum des Menschen, und der indische Weise Ramana Maharshi wies auf die zentrale Bedeutung des Herzens mit den eindrücklichen Worten hin: „Das ganze Universum ist im Körper enthalten, der ganze Körper im Herzen. So ist das Herz der Kern des ganzen Universums." Die christliche, jüdische und islamische Mystik eint die Überzeugung, dass das Herz der Ort ist, an dem der göttliche Funke des Menschen beheimatet ist und damit der Ort, an dem Gott sich dem Menschen offenbart.

Zahlreiche Redewendungen des täglichen Lebens machen deutlich, dass wir das Herz als unser Gefühlszentrum wahrnehmen: So lässt das Glück unser Herz höher schlagen, das Leid hingegen schneidet uns ins Herz und droht es mitunter zu zerreißen; wichtige Projekte unseres Lebens tun wir aus vollem Herzen und manchmal geben wir gar unser Herzblut dafür; es fällt uns ein Stein vom Herzen, wenn wir jemandem unser Herz ausschütten; und wer unser Herz im Sturm erobert, dem schenken wir es und hoffen darauf, dass er es nicht bricht.

Was wir fühlen und was die Weisheitswege aus Ost und West immer schon wussten, bestätigen uns neue Forschungsergebnisse. Sie zeigen auf, dass das Herz weit mehr ist als die mechanische Pumpe, auf die es seitens der modernen Medizin reduziert wurde. Deren von der Aufklärung des 17. Jahrhunderts geprägte Sichtweise des Körpers als einer Art Maschine wird heute zunehmend von einer ganzheitlichen Betrachtungsweise des Körpers abgelöst. So erforscht die zeitgenössische Mind-Body-Medizin die Verbundenheit von Körper, Geist und Seele und macht diese für die Heilung des ganzen Menschen nutzbar. Neurowissenschaftliche Forschungen belegen, dass das Herz über ein eigenes Nervensystem verfügt, das große Ähnlichkeit mit dem Nervensystem des Gehirns aufweist. Das Herz fühlt also nicht nur, es denkt auch. Seine Zellen besitzen ein eigenes Gedächtnis und sind dazu in der Lage, Informationen zu speichern und auszutauschen. Wenn wir in Kontakt mit unserem Herzen sind, so legen diese Forschungsergebnisse nahe, werden wir Teil eines mächtigen Energiefelds, das nicht nur unser eigenes Leben vertieft, sondern uns zugleich mit den Menschen um uns herum auf unmittelbare Weise verbindet.

Wie aber geht das? Wie können wir unser Herz öffnen, sodass es zu einem kraftvollen Energiezentrum wird, mit dem wir Liebe und Mitgefühl in die Welt einspeisen? Wie können wir, die wir die meiste Zeit unseres Lebens im Kopf leben, im Herzen ankommen und hier die Stimme unserer inneren Weisheit vernehmen? „Wir sehen nur mit dem Herzen gut", lehrte uns der „Kleine Prinz" bereits als Kind. Doch wie oft haben wir auf unserem späteren Lebensweg diese einfachen und doch so weisen Worte aus den Augen verloren, haben den Zugang zu unserem Herzen blockiert und sind wider besseres Wissen dem Kalkül der Rationalität gefolgt?

Wie also erlangen wir wieder Zugang zu unserem zentralen und zugleich so empfindsamen Lebenszentrum? Wie können wir unser Herz öffnen, um in seiner Weite und Tiefe das Leben in all seiner Schönheit wahrzunehmen? Was lässt unser Herz höher schlagen, erfüllt es mit Lebensfreude, bringt es gar zum Tanzen oder Singen? Wie können wir täglich gut für uns selbst sorgen und unser Herz mit beglückenden Sinneseindrücken versorgen? Diese Fragen werden uns im ersten Kapitel des Buches beschäftigen.

Das Herz gilt in vielen Kulturen der Welt als der Sitz der Liebe. Zahllose romantische Bilder und Metaphern spiegeln diese Sichtweise wider. Doch wie können wir uns in der Kunst des Liebens schulen? Das Herz sprechen lassen, Herzensgüte entwickeln, sodass die Menschen in unserer Nähe sich wohl und geborgen fühlen? Wie können wir mehr Mitgefühl mit uns selbst und anderen entwickeln, mehr Herzlichkeit und Herzenswärme in die Welt tragen, sodass diese ein besserer Ort wird? Diese Fragen werden im Mittelpunkt des zweiten Kapitels stehen.

Der Weg des Herzens ist immer auch ein Weg der Herzensheilung. Im dritten Kapitel des Buches werden wir daher gezielt darauf blicken, was uns bei der Heilung des Herzens unterstützen kann und wie wir unsere Selbstheilungskräfte aktivieren können. Den Weg mit Herz zu gehen heißt, sich allem, was uns auf dem Lebensweg begegnet, zu stellen. Sich die Dinge tatsächlich zu Herzen zu nehmen. Auch die schmerzhaften und unangenehmen Emotionen anzunehmen, zu spüren und in das eigene Leben zu integrieren. Zweifellos erfordert es Mut, der Stimme des Herzens zu folgen. Doch nur so ist ein erfülltes und intensives Leben zu haben. Oft überhören wir die Botschaft des Herzens zu lange, sodass dieses manchmal gar nicht mehr anders kann als die Notbremse zu ziehen. Ich selbst machte diese Erfahrung vor einem Jahr, als mich ein Herzinfarkt aus „heiterem Himmel" niederstreckte. Seitdem weiß ich mehr denn je, wie wichtig es ist, achtsam auf das eigene Herz zu hören und einfühlsam mit seinen Bedürfnissen umzugehen. Dieses Buch ist die Antwort auf eine einschneidende Lebenserfahrung, die ich als zutiefst heilsam erfahren habe.

Was braucht mein Herz? Was stärkt es? Was tut ihm gut? Wie kann ich den Weg mit Herz gehen und den Visionen meines Lebens folgen? Mit diesen Fragen im Gepäck machte ich mich auf die wichtigste Entdeckungsreise meines Lebens. Um den Ruf des Herzens vernehmen und diesem folgen zu können, bedarf es Zeiten der Ruhe. Erst wenn es still wird in uns, wenn wir Einkehr halten bei uns selbst, können wir die Stimme des Herzens hören. Um uns auf den natürlichen Rhythmus des Herzens einzustimmen und es in unserer hektischen und schnelllebigen Zeit nicht zu überfordern, werden wir uns daher im letzten Kapitel mit Übungswegen beschäftigen, die in die

Stille des eigenen Herzens führen. Die christliche Tradition der Kontemplation und des Herzensgebetes ebenso wie das Zen mit seiner Übung des Shikantaza bieten die Möglichkeit, sich mit anderen Herzen zu verbinden, den göttlichen Funken, der in unseren Herzen beheimatet ist, zu entfachen und damit zum Frieden in der Welt beizutragen. So wird das menschliche Herz zum Ort der Einheits- und Gotteserfahrung.

Meine langjährigen Meditationserfahrungen sowie meine intensive Beschäftigung mit den Weisheitswegen aus Ost und West waren mir beim vorliegenden Buch von großem Nutzen. Auch die vielen Begegnungen mit Weisheitslehrern aus den verschiedensten Traditionen wiesen mir den Weg. Alle in diesem Buch enthaltenen Meditations- und Körperübungen aus der Achtsamkeitspraxis, der christlichen Kontemplation und der buddhistischen Praxis sind von mir auf meinem eigenen Heilungsweg des Herzens erprobt, manche auch von mir entwickelt worden. Sie finden jeweils am Ende eines jeden Kapitels wirksame Übungen, um das Herz in körperlicher, emotionaler und spiritueller Hinsicht zu öffnen und zu stärken. Dieses Buch versteht sich wohlgemerkt nicht als medizinischer Ratgeber. Dafür verfüge ich nicht über die fachliche Kompetenz und Befugnis. Aufgrund meiner intensiven Beschäftigung mit dem Thema der Herzensheilung sind jedoch aktuelle wissenschaftliche Erkenntnisse in das Buch mit eingeflossen. Im angehängten Quellenverzeichnis finden Sie Hinweise auf medizinische Ratgeber, Forschungsberichte und Internetseiten, die Ihnen bei medizinischen Fragen weiterhelfen können.

Und nun, liebe Leserinnen und Leser, bleibt mir nur noch, Ihnen eine gute Reise zum wichtigsten Ort Ihres Lebens zu wünschen: Ihrem Herzen.

I

Das Herz öffnen

Die Achtsamkeit
des Herzens

Achtsamkeit ist gelebte Liebe.

Jon Kabat-Zinn

Wir leben in einer Welt voller Wunder, Geheimnisse und Schönheit. Doch oft fühlen wir uns von dieser Welt getrennt und sind gar nicht dazu in der Lage, die Fülle des Lebens wahrzunehmen und auszukosten. Hektisch und unachtsam jagen wir durch unseren Alltag, sorgen uns um die Zukunft oder sind in Gedanken in der Vergangenheit und kaum je zu Hause im jetzigen Augenblick, in dem unser Leben stattfindet. Der tägliche Stress und unsere mangelnde Achtsamkeit sind Ursachen dafür, dass wir den Kontakt zu unserem Herzen verlieren. Wir meinen, keine Zeit zu haben, um uns um dessen Bedürfnisse zu kümmern. Und so wird dieser Stress auch zu einer der Hauptursachen für Herzerkrankungen.

Was aber können wir tun, um zu mehr Ruhe und Gelassenheit zu finden? Wie können wir wieder in unmittelbaren Kontakt mit unserem Leben kommen? Als Antwort darauf griff Zen-Meister Ikkyu einst zum Pinsel und schrieb nur drei Worte: „Achtsamkeit, Achtsamkeit, Achtsamkeit." In allen Weisheitstraditionen gilt die Achtsamkeit als der Ausgangspunkt für ein erfülltes Leben. Denn sie ist es, die uns genau dorthin führen kann, wo wir leider viel zu selten sind: in unser Leben im Hier und Jetzt. Im Augenblick anzukommen heißt, im eigenen Leben anzukommen, zu sehen, zu hören, zu riechen, zu schmecken und zu fühlen, ganz da zu sein mit allen Sinnen und ganz präsent zu sein mit Körper und Geist. Mittels der Achtsamkeit lernen wir, auf die vielen Dinge in unserem Alltag aufmerksam zu werden, die wir meist als selbstverständlich hinnehmen.

 ## Eine kleine Weisheitsgeschichte

Ein Schüler fragte einmal seinen Meister, warum dieser immer so ruhig und gelassen sein könne. Der Meister antwortete: „Wenn ich sitze, dann sitze ich. Wenn ich stehe, dann stehe ich. Wenn ich gehe, dann gehe ich."
Der Schüler fiel dem Meister in Wort und sagte: „Aber das tue ich auch! Was machst du darüber hinaus?"
Der Meister blieb ganz ruhig und wiederholte wie zuvor: „Wenn ich sitze, dann sitze ich. Wenn ich stehe, dann stehe ich. Wenn ich gehe, dann gehe ich."
Wieder sagte der Schüler: „Aber das tue ich doch auch!"
„Nein", sagte der Meister. „Wenn du sitzt, dann stehst du schon. Wenn du stehst, dann gehst du schon. Und wenn du gehst, dann bist du schon am Ziel."

Die Grundlagen der Achtsamkeit basieren auf 2500 Jahren buddhistischen Geistestrainings. Vormals in der Abgeschiedenheit buddhistischer Klöster praktiziert, hielt die Achtsamkeitspraxis in den vergangenen zwei Jahrzehnten rasanten Einzug in das westliche Gesundheitssystem. Dies ist zu großen Teilen das

Verdienst von Dr. Jon Kabat-Zinn, der die Methode der „Stressbewältigung durch Achtsamkeit" (aus dem Englischen: Mindfulness Based Stress Reduction, kurz: MBSR) in den 1970er-Jahren in einer Klinik in Massachusetts entwickelte. Das Selbsthilfeprogramm, das er in seiner Arbeit mit Schmerzpatienten und Menschen, die an stressbedingten Krankheiten litten, anwendete, basiert auf bewährten Meditationsformen und Körperübungen aus der buddhistischen Tradition sowie der Yoga-Praxis und verbindet diese mit modernen psychologischen und naturwissenschaftlichen Verfahren. Gerade diese Verbindung von jahrtausendealten Weisheitstraditionen mit neuesten medizinischen Erkenntnissen macht die Methode der „Stressbewältigung durch Achtsamkeit" so effektiv. Zahlreiche wissenschaftliche Studien belegten in den vergangenen Jahren deren stressreduzierendes Potenzial ebenso wie deren gesundheitsfördernde Wirkung u. a. auf Herz-Kreislauferkrankungen und Bluthochdruck. In seinem Buch *Gesund durch Meditation. Das große Buch der Selbstheilung* schildert Jon Kabat-Zinn die Grundlagen und Methoden des MBSR, dessen maßgeblicher Effekt darin besteht, wieder in direkte Fühlung mit dem Körper, den Gedanken, Gefühlen und Empfindungen zu kommen.

Wie aber gelingt uns dies, wenn wir durch den täglichen Stress und Zeitdruck und länger andauernde Belastungen den Zugang zu unseren inneren Kräften verloren haben? Wie können wir wieder mit den eigenen Ressourcen und dem heilsamen Potenzial, das in uns allen schlummert, in Verbindung kommen?

Hierfür ist es wichtig, die Stressauslöser im eigenen Leben erkennen und deren Alarmsignale wahrnehmen zu können. Oft sind es gar nicht die sogenannten kritischen Lebensereignisse, die den größten Stress in unserem Leben auslösen, sondern vielmehr die alltäglichen, immer wiederkehrenden Probleme, die mit Zeitnot, Termindruck, Hektik, zu hohen Anforderungen oder allgemeiner Reizüberflutung gekoppelt sind. Stress zeigt sich meist zuerst im Körper, etwa in Verspannungen, Bluthochdruck, Herzbeschwerden, chronischen Schmerzen oder einer Schwächung des Immunsystems. Die Übungen der Achtsamkeit ermöglichen uns eine verfeinerte Wahrnehmung unserer Körperreaktionen ebenso wie unserer stressverschärfenden Gedanken und Gefühle. Wenn wir die Stressfaktoren erst einmal erkannt haben, können wir gezielt entspannendes und gesundheitsförderndes Denken und Verhalten einüben.

Viele Achtsamkeitsübungen sind deshalb darauf angelegt, den Körper bewusst zu erleben und wahrzunehmen: durch die Beobachtung der Atembewegungen in der Meditation, durch die gelenkte Körperwahrnehmung im Body-Scan, durch Körperübungen aus dem Yoga und Qi Gong, durch die Alltagspraxis wie achtsames Essen, achtsames Duschen und Gehmeditationen. Die Übungen stärken die Verbundenheit von Körper, Geist und Herz. So finden wir mehr und mehr zu dem, was in der hektischen und reizüberfluteten Welt der Gegenwart so schwer zu erlangen ist und wessen wir zugleich so dringend bedürfen zu innerer Balance, Gelassenheit und Ruhe.

Denn auch wenn wir die Wellen des Lebens, die in Form von Krankheit, Verlust, Stress oder anderen schmerzlichen Erfahrungen auf uns zurollen, nicht aufhalten können, so können wir doch lernen, auf ihnen zu surfen, anstatt kopfüber in ihnen unterzugehen. In dem Achtsamkeitsbuch *Die Wellen des Lebens reiten*, das ich mit der Begründerin des „Instituts für Achtsamkeit und Stressbewältigung", Dr. Linda Lehrhaupt, herausgab, haben wir hierfür viele praktische Übungen und Tipps zusammengetragen. Denn es braucht Übung und es braucht Beharrlichkeit. Wer ein guter Surfer werden will, muss aufs Brett steigen und sich den Wellen stellen. Anfangs werden einen die Wellen zwar immer wieder vom Surfbrett fegen, doch wer sich nicht entmutigen lässt, wird schließlich Meister darin, auch hohe Wellen mit Geschick und Gelassenheit zu nehmen. Er wird dabei auch lernen, sich Ruhezeiten am Strand zu gönnen und sich mitunter absichtslos im Wasser treiben zu lassen. Das Gleiche gilt für ein achtsames Leben. Stressforscher weisen darauf hin, dass auf jede Stress- und Anspannungsphase eine Erholungs- und Entspannungsphase folgen muss, damit der Organismus nicht erkrankt. Je länger eine Stressphase dauert, desto länger brauchen wir auch, bis wir uns davon erholen und wieder leistungsfähig und motiviert in die nächste Stressphase gehen können. Der natürliche Rhythmus des Herzens von Anspannung (Systole) und Entspannung (Diastole) erinnert uns daran, auch in unserem Leben einen gesunden Rhythmus von Aktivität und Passivität zu leben. Herzerkrankungen können Ausdruck dafür sein, dass dieses Wechselspiel der Aktivitäts- und Ruhephasen längere Zeit nicht gewährleistet war.

Deshalb gilt es, sich im Alltag immer wieder achtsam dem eigenen Herzen zuzuwenden, denn oft leben wir gleichsam abgekoppelt von seinen Bedürfnissen. Wir reagieren auf das, was auf uns einströmt. Wir funktionieren. Doch wir leben nicht bewusst. Reflektieren Sie beim nächsten Mal, wenn Sie sich gestresst fühlen, welche Wirkung dies auf Ihr Herz hat. Halten Sie für einen Moment inne und befragen Sie Ihr Herz: „Wie geht es dir? Was brauchst du? Was möchtest du mir sagen?"

Die folgende Herzvisualisierung kann Ihnen dabei behilflich sein, in Kontakt mit Ihrem Herzen zu kommen und mehr über seine Befindlichkeit zu erfahren. Schließen Sie hierfür die Augen und visualisieren Sie Ihr Herz. Betrachten Sie es mit Ihrem inneren Auge. Wie sieht es aus? Welche Farbe hat es? Ist es groß oder eher klein? Sieht es lebendig und gesund aus oder zeigt es Zeichen der Schwäche? Pulsiert es kräftig oder pocht es zaghaft? Wie ist seine Oberfläche beschaffen? Hat es Risse, offene Stellen, Wunden? Zeigt es Bruchstellen? Welche Gefühle erweckt es in Ihnen, Ihr Herz zu sehen?

Vielleicht nehmen Sie nach der Übung Buntstifte zur Hand und malen Sie das Herz, wie es sich Ihnen jetzt gezeigt hat. Wiederholen Sie diese Übung in den nächsten Wochen. Sie werden sehen, dass sich Farbe und Form Ihres Herzens verändern werden.

Mit solch einfachen, doch sehr wirksamen Übungen erhalten wir einen unmittelbaren und vibrierenden Draht zu unserem Herzen und machen uns bereit, seine Botschaft zu empfangen. Lassen Sie es nicht zu, dass die Verbindung zu Ihrem Herzen abreißt! Das geschieht in unserem täglichen Trott nur allzu schnell. Und als Folge davon verschließt sich unser Herz.

Indem wir unsere Sinne ganz bewusst mit dem Herzen verbinden, können wir das Leben in bis dahin ungeahnter Intensität erfahren. Wenn wir alle Sinne auf Empfang stellen und das Herz zum Resonanzzentrum unserer Sinneserfahrungen machen, dann lernen wir gleichsam mit dem Herzen zu hören, sehen, riechen, schmecken und zu tasten: den Vogelgesang am Morgen, die ersten Sonnenstrahlen, die heiße Tasse Tee – all dies mit dem Herzen wahrnehmen und tief in dieses einatmen. Die Momente auskosten und sich bewusst die Zeit dafür nehmen. Wenn wir aus dem Herzen leben, sind wir ganz gegenwärtig. Anders als unser ruheloser Geist, der im Gestern und Morgen umherjagt, pocht unser Herz mit jedem Herzschlag im Hier und Jetzt. Es befähigt dazu, sich all den Eindrücken und überraschenden Empfindungen, die das Leben jeden Augenblick bereithält, zu öffnen.

Die Achtsamkeit des Herzens gibt uns zugleich auch den Schlüssel für ein glückliches Leben in die Hand. Denn wer in seinem Leben präsent ist, kann sich in jedem Augenblick neu entscheiden, worauf er seine Aufmerksamkeit richten will. Die Energie folgt unserer Aufmerksamkeit. Und worauf wir fokussieren, das erhält Bedeutung und Stärkung in unserem Leben. Wenn wir also bewusst auf das Positive blicken, können wir Freude an den alltäglichen Dingen des Lebens entwickeln. Schauen Sie sich um! Hören Sie hin! Was können Sie gerade jetzt in Ihrer Umgebung entdecken, das Ihnen ein gutes Gefühl beschert?

Wer Schönes in den einfachen Dingen des Lebens zu finden vermag, wer positive Erlebnisse wahrnehmen und vermehren kann, befindet sich auf einem Glücksweg und ist für die Schwierigkeiten und Herausforderungen des Lebens bestens gewappnet. Und je intensiver wir die Momente des Glücks mit allen Sinnen genießen können, desto nachhaltiger prägen sich diese als Glücksspuren in unser Gehirn und unser Herz ein. Suchen Sie daher bewusst nach Gelegenheiten, angenehme Sinneserfahrungen zu machen. Und nehmen Sie sich ausgiebig Zeit, diese Momente auszukosten und tief in Ihr Herz aufzunehmen. Sie werden erfahren, wie sich in Ihnen zunehmend eine innere Stärke und Belastbarkeit ausbildet, auf die Sie in Stresszeiten und Lebenskrisen gezielt zurückgreifen können.

- **Mit dem Herzen sehen**

„Man sieht nur mit dem Herzen gut", sagte der Kleine Prinz. Wie oft haben wir den Satz schon gelesen und zustimmend genickt? Etwas in uns wird von diesen Worten unmittelbar berührt und angerührt. Doch wie geht das eigentlich, mit dem Herzen sehen? Hat das Herz Augen, mit denen wir die Welt ganz neu wahrnehmen können?

Auf meinen täglichen Spaziergängen habe ich dies erforscht und eine kleine und effektive Achtsamkeitsübung entwickelt. Sie eignet sich anfangs am besten dazu, in der Natur angewendet zu werden: Machen Sie sich auf einen Spaziergang und nehmen Sie sich Zeit, immer wieder innezuhalten. Nehmen Sie dabei Kontakt mit Ihrem Herzen auf. Stellen Sie sich vor, dass Ihr Herz Augen hat und blicken Sie um sich – mit den Augen des Herzens. Nehmen Sie die äußeren Eindrücke ganz tief in sich auf und lassen Sie Ihr Herz ganz von dem erfüllen, was Sie sehen: die Farben, das Licht, den Himmel, die Bäume. Grün ist die Farbe des Herzchakras, es aktiviert die Herzenergie und tut diesem besonders gut. Halten Sie sich daher viel in der Natur auf. Umgeben Sie sich auch zu Hause mit Grünpflanzen. Selbst ein grüner Schal tut Ihrem Herzen wohlig gut.

- **Mit dem Herzen hören**

Wenn es Ihnen bereits gelungen ist, mit dem Herzen zu sehen, wird Ihnen auch die folgende Übung keine große Schwierigkeit bereiten. In dieser geht es darum, sich Ihr Herz mit Ohren vorzustellen. Ja, diese Vorstellung kann durchaus zum Kichern einladen. Umso besser! Kichern Sie! Ihr Herz freut sich über jedes kindliche Glucksen, Kichern und herzhaftes Lachen.

Machen Sie sich auf einen Weg durch die Natur und öffnen Sie dabei die Ohren Ihres Herzens. Stellen Sie sich vor, dass Sie den Gesang der Vögel, das Zirpen der Grillen, das Kindergelächter in der Ferne, das Summen der Bienen oder auch das Knirschen des Schnees unter Ihren Füßen direkt mit dem Herzen wahrnehmen. Lassen Sie es sich mit den Geräuschen der Welt erfüllen. Vielleicht verspüren Sie die Lust, sich unter einen Baum zu setzen und dem Flüstern seiner Blätter zu lauschen. Vielleicht legen Sie sich auch ins Gras und lauschen mit Ihrem Herzen dem Schwingungston der Erde. „Die Dinge singen hör ich so gern", schrieb der Dichter Rainer Maria Rilke. Horchen und lauschen Sie!

- **Mit dem Herzen schmecken**

Herzessen: Pasta mit Pesto
„Der Geruch des Basilikums ist gut für das Herz. Er nimmt die Traurigkeit, die von der Melancholie herrührt, und macht den Menschen glücklich und froh", wusste bereits der englische Botaniker John Gerard im 16. Jahrhundert. „Königskraut" heißt es übersetzt, und diesen Namen trägt das Basilikum zu Recht, denn es hat viele gesundheitsfördernde Eigenschaften. Unter anderem macht es das Blut dünnflüssiger und entlastet das Herz aufgrund seiner blutdrucksenkenden Wirkung.

Mit diesem Herzessen tun Sie nicht nur Ihrem Herzen etwas Gutes, sondern erfreuen zugleich auch noch Ihr inneres Kind. Denn Kinder lieben nun einmal Nudeln. Warum? Weil sie glücklich machen. Das liegt an den komplexen Kohlenhydraten. Sie regen im menschlichen Gehirn die Produktion von

Serotonin an, was ein Gute-Laune-Macher ist. Wenn Sie sich dabei auch gesundheitsbewusst ernähren wollen, dann greifen Sie zu ballaststoffreichen Vollkornnudeln und machen sich dazu einen frischen Salat. Zusammen mit dem Pesto können Sie sich so ein Essen zubereiten, das alles andere als aufwendig ist und nicht nur Ihrem Magen munden, sondern auch Ihrem Herzen guttun wird. Eine herzgesunde Kost enthält viel frisches Gemüse, Salat, Obst und Vollkornprodukte und verzichtet weitgehend auf Fleisch und tierische Fette.

Vielleicht entscheiden Sie sich dafür, diese Mahlzeit achtsam und in Ruhe zu sich zu nehmen. Hierfür sollten Sie als Erstes das Multitasken einstellen, das wir uns beim Essen angewöhnt haben: Schalten Sie den Computer aus, legen Sie die Zeitung beiseite und lassen Sie den Fernseher ausgeschaltet. Nehmen Sie dafür all Ihre Sinne und Ihre gesammelte Aufmerksamkeit mit an den Esstisch. Richten Sie Ihr Interesse auf die Speisen, die vor Ihnen auf dem Teller liegen. Wie riechen sie? Wie sehen sie aus? Beginnen Sie dann mit dem ersten Bissen und essen Sie bewusst langsamer als sonst. Nehmen Sie sich Zeit, jeden Bissen aufmerksam zu kauen, sodass sich der Geschmack der Speisen entfalten kann. Legen Sie das Besteck ab, während Sie kauen. Bleiben Sie mit Ihrer Aufmerksamkeit ganz bei dem, was Sie essen. Sie werden sehen, dass selbst einfache Gerichte so zu einem Herzensgenuss werden.

Tee mit Herz trinken
Gönnen Sie sich jeden Tag eine achtsame Teepause und stellen Sie hierfür Ihre Arbeit und all Ihre anderen Beschäftigungen ein. Widmen Sie sich ganz dem Erlebnis des Teetrinkens. Spüren Sie die Wärme der Teetasse zwischen Ihren Händen. Nehmen Sie ganz bewusst Kontakt mit Ihrem Herzen auf, indem Sie sich die Tasse an das Herz halten und die Wärme spüren, die sich in diesem ausbreitet. Schließen Sie die Augen

und führen Sie die Teetasse an die Lippen, trinken Sie achtsam Schluck für Schluck. Spüren Sie, wie sich die Wärme in Ihrem Mund ausbreitet, Ihre Speiseröhre hinunterströmt und schließlich Ihren ganzen Körper erwärmt. Wenn Sie beim Teetrinken ganz bewusst etwas Stärkendes für Ihr Herz tun wollen, dann entscheiden Sie sich für eine Tasse Weißdorntee. Weißdorn schützt das Herz, er sorgt dafür, dass die Herzkranzgefäße besser durchblutet werden und den angebotenen Sauerstoff besser ausnutzen können. Dadurch kann auch der Herzmuskel wieder beständiger und gleichmäßiger arbeiten. Weißdorn ist der große Herzheiler und Herzenströster unter den Tees. Er hilft bei Stress, Ängsten, Enttäuschung und altem Schmerz.

- **Mit dem Herzen riechen –
  eine kleine Atemmeditation**

Erfüllen Sie Ihren Wohnraum und Ihr Schlafzimmer mit einem Duft, der Ihr Herz erfreut. Vielleicht wählen Sie hierfür Rosenaroma, denn dieses ist von jeher der Duft des Herzens. Es öffnet und weitet das Herz, wärmt es und macht es sanft und mitfühlend. Nehmen Sie sich Zeit für eine kleine Atemmeditation. Atmen Sie den Rosenduft bewusst in Ihr Herz hinein. Stellen Sie sich dabei vor, wie es sich mit jedem Atemzug wie eine Rosenknospe sanft öffnet.

- **Mit dem Herzen berühren**

Umarmen Sie heute ganz bewusst geliebte Menschen und nehmen Sie diese Berührung tief in Ihr Herz hinein. Nehmen Sie ein Kind in den Arm, streicheln Sie eine Katze oder einen

Hund, umarmen Sie einen Baum – und tun Sie dies mit Ihrem Herzen. Stellen Sie sich vor, dass Sie die Arme Ihres Herzens weit öffnen und andere Lebewesen in Ihr Herz schließen.

Selbstliebe entwickeln

Alle Liebe dieser Welt
ist auf Eigenliebe gebaut.

Meister Eckhart

Als der Dalai Lama vor einigen Jahren auf einer Konferenz westlicher Psychologen einen Vortrag hielt, sagte er, er könne nicht verstehen, weshalb so viele Menschen im Westen zu Selbsthass und Selbstverurteilung neigten. Er fragte die Anwesenden, ob sie diese Gefühle auch hätten und ausnahmslos jeder der Wissenschaftler bestätigte dies. Der Dalai Lama war erschüttert. Selbsthass, so sagte er, sei in der tibetischen Kultur unbekannt.

Im Christentum hingegen wurde das zentrale Gebot von Jesus, „Liebe deinen Nächsten wie dich selbst", über viele Jahrhunderte hinweg gründlich missverstanden. Zwar fand der Ruf zur Nächstenliebe Gehör, die Aufforderung zur Selbstliebe wurde jedoch konsequent überhört. Lange Zeit galt die Selbstliebe gar als Hindernis für die Nächstenliebe. Sie stand unter dem Generalverdacht, selbstbezogen und rücksichtslos zu machen. Inzwischen wissen wir, dass Selbst- und Nächstenliebe keine Gegenspieler sind, sondern dass sie einander brauchen und dass die Liebe zu sich selbst die Basis für die Liebe zu anderen bildet. Die moderne Psychologie lehrt uns, dass Nächstenliebe ohne Selbstliebe auf Dauer gar nicht möglich ist, da sie unser Herz erschöpft und aushungert. Und doch haftet der Eigenliebe bis heute der Ruch des Egoismus und Eigennutzes an. Gerade spirituelle und religiöse Menschen befürchten oft, dass sie eine Art privater Kokon sei, der sie von anderen abschließe und selbstbezogen mache. Wissenschaftliche Studien belegen jedoch genau das Gegenteil: Je warmherziger wir mit uns selbst umgehen, desto verbundener fühlen wir uns mit anderen Menschen. Wie wichtig es ist, zuerst einmal gut für sich selbst zu sorgen, macht der Kardiologe Dean Ornish am Beispiel der Funktionsweise des Herzens deutlich: „Wie Sie wissen, pumpt das Herz Blut in den Körper. Bevor es das tut, pumpt es allerdings Blut in die Koronararterien, um sich selbst zu versorgen. Es ist eine schöne Metapher: Das Herz kümmert sich erst um sich selbst, um sich danach besser um den Rest des Körpers kümmern zu können."

Dass Selbstliebe mit Egoismus rein gar nichts zu tun hat, darauf wies bereits der Psychologe Erich Fromm in seinem Weltbestseller *Die Kunst des Liebens* hin: „Es stimmt, dass selbstsüchtige Menschen unfähig sind, andere zu lieben. Sie sind jedoch genauso unfähig, sich selbst zu lieben." Unsere Selbstbezogenheit ist demzufolge nichts anderes als der Mangel an Liebe. Doch wie können wir diese wieder zum Fließen bringen? Vielen Menschen fällt es auffällig schwer, gut für sich selbst zu sorgen und freundlich und sanft mit sich selbst umzugehen. Vor allem denen von uns, die in einer Umgebung aufgewachsen sind, in der Werte wie Erfolg und Arbeit wichtig waren und in der die Überzeugung dominierte, dass man hart mit sich selbst sein muss, wenn man etwas erreichen will. Männer erblicken in Fürsorge und Sanftheit daher häufig ein Zeichen von Schwäche. Und Frauen kümmern sich oft vorbildlich um alle anderen und versäumen es dabei in aller Regelmäßigkeit, gut für sich selbst zu sorgen. Diese Prägungen können das gesamte Berufs- und Privatleben von Menschen bestimmen.

Wenn wir ehrlich sind, dann fühlen wir uns doch alle bei dem Gedanken, uns selbst zu lieben, etwas unbehaglich und fragen uns sogleich schuldbewusst, ob wir uns nicht viel zu wichtig nehmen. Dabei wäre unser Leben so viel leichter, wenn wir genau dies täten: uns selbst wichtig zu nehmen. Uns selbst die Aufmerksamkeit zukommen zu lassen, die wir verdient haben. Uns selbst so zu behandeln, wie wir es mit geliebten Menschen tun, die wir ganz selbstverständlich in den Arm nehmen und trösten, denen wir Mut zusprechen und Mitgefühl entgegenbringen. Warum geben wir uns nicht die Wärme und Zuneigung, die wir anderen entgegenbringen? Weshalb nur fällt es uns oft so schwer, uns selbst anzunehmen und zu lieben, so wie wir sind?

Meist ist der strenge Umgang mit uns selbst die Folge unserer Erziehung und dessen, was wir früh im Leben erfahren haben. Wir leiden unter der Vorstellung, dass wir nicht gut genug sind. Wir spüren, dass uns etwas fehlt, und glauben, dass der Grund dafür darin liegt, dass wir uns nicht genügend angestrengt haben. Wir sind hart und streng uns selbst gegenüber, und wenn uns ein Missgeschick oder Unglück widerfährt, dann tun wir nicht das Naheliegende – uns selbst zu trösten und uns Mut zuzusprechen –, sondern reagieren mit harscher Selbstkritik und geißeln uns noch dazu. Wir haben die Stimmen unserer frühen Bezugspersonen verinnerlicht, und zwar so tief, dass wir schließlich meinen, es wären unsere eigenen. Immer noch glauben wir diesen Stimmen, die uns schelten, strafen, maßregeln, die uns dazu antreiben, ein anderer, ein besserer Mensch zu werden. Solange wir aber ein anderer Mensch sein wollen, fehlt es uns an Selbstliebe. Denn deren Kern ist die Selbstakzeptanz.

Die amerikanische Familientherapeutin Virginia Satir fasste die Basis der Selbstliebe in dem einfachen Satz zusammen: „Ich bin ich, nirgendwo gibt es jemanden, der genauso ist wie ich." Wenn wir unsere Einzigartigkeit erfassen und begreifen, dass es keinen anderen Menschen in dieser Welt gibt, der so ist wie wir, dann wächst eine neue Wertschätzung in uns. Und selbst wenn uns Selbstliebe nicht mit der Muttermilch eingeflößt wurde und sie nicht Teil unserer Erziehung war, so können wir diese jederzeit erlernen. Das ist die frohe Botschaft der Positiven Psychologie und der modernen Hirnforschung: Gleich heute noch können wir damit beginnen, gut für uns selbst zu sorgen, uns mit Freundlichkeit zu begegnen, uns zuvorkommend und mit Wertschätzung zu behandeln. Gut für sich selbst zu sorgen, macht unser Leben entspannter, stärkt unser Herz, hilft uns durch Krisenzeiten und bewahrt uns davor, in stressigen Zeiten auszubrennen.

Dazu gibt es sehr viele einfache und praktische Rituale: Tun Sie Dinge, die Ihren Körper entkrampfen und ihn weich werden lassen. Atmen Sie sanft ein und aus und lassen Sie die Anspannung los. Verwöhnen Sie sich mit einem heißen Bad in Rosenöl, einem Saunagang, einer Massage. Tun Sie Dinge, die Ihren Geist anregen und Ihre Seele nähren. Gerade Menschen, die Probleme mit ihrem Herzen haben, neigen dazu, streng mit sich selbst zu sein und sich viel abzuverlangen. Deshalb besteht die erste und wichtigste Aufgabe darin, sanft und freundlich mit sich selbst umzugehen. Wie wäre es, wenn wir gleich heute damit beginnen würden? Indem wir uns selbst zuvorkommend und mit Wertschätzung behandeln, mit einer freundlichen inneren Stimme mit uns selbst sprechen, uns loben, wenn wir etwas gut gemacht haben, uns trösten, wenn uns ein Missgeschick widerfahren ist, und uns aufmunternd zulächeln, wenn wir mal wieder zu streng mit uns selbst waren. Schon ein Augenblick, in dem wir mitfühlend und liebevoll mit uns selbst umgehen, kann unseren ganzen Tag verändern. Und viele solcher Momente können unserem Leben eine ganz neue Richtung geben.

Gut für sich selbst zu sorgen macht unser Leben und das der Menschen um uns herum reich und erfüllt. Und es bewahrt uns in schweren Zeiten davor, auszubrennen. Psychologische Studien belegen, dass Menschen, die sich selbst verwöhnen können, über weit mehr Ressourcen und Widerstandskräfte verfügen als Menschen, die sich immer antreiben und an der kurzen Leine halten.

Wenn wir gut zu uns selbst sind, dann bringt das die Liebe in uns zum Fließen. Unser Herz öffnet sich, sodass sich die Liebe frei verströmen kann – an uns, die Menschen, die Welt.

 ## Fragen Sie sich:

» Womit kann ich meinem Herzen etwas Gutes tun?
» Wie kann ich gut für mich selbst sorgen?
» Welche Erinnerungen erfüllen mein Herz mit Mitgefühl mit mir selbst?

 ## Das Herz mit Selbstliebe wärmen

Diese kleine, doch sehr wirksame Übung können Sie auf Ihrem Meditationskissen durchführen, aber auch jederzeit im Alltag anwenden, wenn Sie spüren, dass Sie etwas Selbstliebe brauchen könnten. Legen Sie beide Hände auf Ihr Herz. Schließen Sie die Augen. Spüren Sie, wie die Wärme Ihrer Hände auf Ihr Herz ausstrahlt. Sagen Sie sich innerlich die folgenden Worte: „Ich liebe mich so, wie ich bin." Bleiben Sie in dieser Übung so lange wie möglich und spüren Sie, wie sich Ihr ganzes Wesen mit sanfter Selbstliebe auflädt.

Diese einfache Geste können Sie jederzeit anwenden. Wann immer Sie aufgeregt oder ängstlich sind, wann immer Sie das Gefühl haben, dass Ihnen etwas Zuneigung guttäte, legen Sie eine Hand aufs Herz. Die Hand auf dem Herzen wirkt beruhigend. Sagen Sie sich dabei etwas Freundliches: „Alles wird gut. Ich glaube an mich." Behandeln Sie sich selbst so, wie Sie eine gute Freundin behandeln würden: umsichtig und unterstützend. Tragen Sie aktiv zu Ihrem Wohlbefinden bei, indem Sie sich Mut zusprechen, wenn Sie traurig und niedergeschlagen sind.

Lebensfreude einladen

Geh aus, mein Herz,
und suche Freud.

Paul Gerhardt

Erinnern Sie sich an die Augenblicke in Ihrem Leben, in denen Ihr Herz von Freude überwältigt und förmlich emporgehoben wurde? An Momente, in denen die Fülle des Lebens Ihr Herz durchströmte und dieses ganz leicht, warm und weich wurde? Vielleicht lagen Sie in den Armen eines geliebten Menschen, vielleicht saßen Sie im Kreis Ihrer Familie, vielleicht liefen Sie auch allein am Strand entlang und sahen die Sonne über dem Meer untergehen. Es sind diese intensiven und freudvollen Momente, die unser Leben reich und erfüllt machen. Was also läge näher, als diese Gelegenheiten in unser Leben einzuladen und ihnen unser Herz zu öffnen?

Doch seien wir ehrlich: Oft starren wir wie gebannt auf die negativen Ereignisse unseres Lebens. Wir blicken sorgenvoll in die Zukunft und grübeln über unsere Vergangenheit nach, anstatt uns am gegenwärtigen Augenblick zu erfreuen. Meist nehmen wir uns gar nicht die Zeit, um die freudvollen Momente des Lebens wahrzunehmen, geschweige denn wertzuschätzen.

„Warum verschiebt ihr die Freude auf morgen?", fragte deshalb der Philosoph Epikur die Menschen bereits vor mehr als

2000 Jahren. Ja, weshalb fällt es uns so schwer, den heutigen Tag zu genießen? Warum bohren wir lieber in alten Wunden herum, anstatt uns zu gestatten, schmerzfrei und glücklich zu leben? „Wir müssen uns in den Dingen üben, die glücklich machen", forderte der griechische Weise, der sehr genau wusste, wie ungeschickt wir Menschen darin sind, glücklich zu sein, und wie leicht es uns fällt, Gründe dafür zu finden, dass es uns schlecht geht. Bis heute scheinen wir mehr in der Kunst des Unglücklichseins als in der Kunst der Lebensfreude geschult zu sein.

Dass dies jedoch nicht so bleiben muss, belegt die moderne Hirnforschung. Deren Forschungsergebnisse zeigen auf, dass wir unser Gehirn aufgrund seiner Formbarkeit gezielt umstrukturieren können. Wenn wir uns daher auf das Schöne und Angenehme im alltäglichen Leben besinnen, verankern wir in unserem Gehirn eine positive Grundeinstellung. Und je achtsamer wir diese Momente des Glücks wahrnehmen und je intensiver wir sie genießen, desto nachhaltiger prägen sich diese als Glücksspuren unserem Gehirn ein. Doch nicht nur das: Neurowissenschaftler wissen seit geraumer Zeit, dass auch das Herz über ein eigenes Nervensystem verfügt, das große Ähnlichkeit mit dem Nervensystem des Gehirns hat. Die Nervenzellen des Herzens verfügen über ein eigenes Gedächtnis und befinden sich in einem steten Informationsaustausch mit dem Gehirn. Das menschliche Herz, darauf weist der Kardiologe Paul Pearsall aufgrund der Forschungsergebnisse des kalifornischen HeartMath-Instituts hin, ist unser wichtigstes Gedächtnis- und Energiezentrum. Es ist der Sitz der emotionalen Intelligenz des Menschen. Deshalb gilt es, die Freude tief in unser Herz aufzunehmen und dieses zarte Pflänzchen im Herzen zu düngen, zu hegen und zu pflegen und dadurch zum Wachsen und Gedeihen zu bringen.

Die Freude ist reine Herzensenergie. Um sie erleben zu können, braucht es die Offenheit des Herzens. Fragen Sie sich daher: Was sind die Freudenquellen meines Lebens? Und dann fördern Sie diese bewusst. Lassen Sie diese sprudeln und sich in Ihrem Leben verströmen. Die Freude fördert, stärkt und stimuliert unsere physischen und mentalen Selbstheilungskräfte. Sie ist eine das Herz öffnende und weitende Emotion, die beschwingt, erhebt und belebt, eine Empfindung, die aus der Tiefe strömt, unser Leben erfüllt und uns Leichtigkeit verleiht. Aus taoistischer Sicht ist dem Herzen die Energie des Feuers zugeordnet, das die Freude, den Tanz und das Lachen hervorbringt. Seine Farben sind Rot und Scharlach. Wenn Sie Ihre Herzenergie stärken wollen, umgeben Sie sich mit der Farbe Rot. Menschen, bei denen das Feuer der Herzenergie im Gleichgewicht ist, können sich am Leben freuen, sie sind sich selbst und anderen gegenüber großzügig, sie strahlen Wärme, Güte und Liebe aus und lassen ihr Herz sprechen.

Wenn unser Herz offen ist, können wir unsere Gefühle in all ihrer Intensität erfahren. Beobachten Sie doch einmal ein zweijähriges Kind – es ist ein wahres Emotionskraftwerk. Zweijährige entdecken die ganze Bandbreite ihrer Gefühle und sind berauscht von ihrer eigenen unabhängigen Lebenskraft. Sie jauchzen vor Freude, schreien vor Zorn und weinen, wenn sie verletzt sind – und all das innerhalb kürzester Zeit. Wie können wir als Erwachsene etwas von der Spontaneität und Reinheit kindlicher Emotionen zurückgewinnen, ohne von deren Stürmen mitgerissen zu werden? Wie können wir uns dem nähern, was der Philosoph Paul Ricoeur die „Zweite Naivität" nannte, ein Zustand, der sich durch ehrliche und spontane Gefühlsreaktionen auszeichnet, abgeschmeckt mit der Weisheit der Lebenserfahrung? Der Weg dorthin führt durch die Erkundung und Anerkennung *aller* Emotionen. Um das Leben in seiner Fülle feiern zu können, ist es unabdingbar, die gesamte Palette der emotionalen Farbskala in das eigene Leben zu integrieren: zu weinen über das, was uns verletzt, zu lachen, wenn wir glücklich sind, zu fürchten, was uns bedroht, und wütend zu werden über das, was unsere Integrität untergräbt. Gefühle sind elementare Kräfte unserer Lebensenergie, und jedes Gefühl hat seine eigene Schwingung und Aufgabe, ist wesentlich für unsere Gesundheit und unser Wohlbefinden. Auf ihre Essenz gebracht, schützt Angst, verteidigt Wut, erlöst Trauer, erhebt Freude und eint Mitgefühl. Um all diese Gefühle besser kennenzulernen und uns mit ihnen anzufreunden, können wir sie tanzen, singen, spielen, aufschreiben, malen oder auf andere Art ausdrücken. Jeder Mensch hat hierfür seine eigenen kreativen Ausdrucksmittel.

„Werde wieder Kind, dann verbindest du dich mit deinem Herzen", rät daher der Schriftsteller Paulo Coelho in dem Buch *The Power of the Heart*. Um zur Quelle der eigenen Lebensfreude zu finden, ist es hilfreich, mit dem inneren Kind, das in jedem von uns lebt, Kontakt aufzunehmen. Fragen Sie sich: Was hat mich als Kind glücklich gemacht? Was waren die Träume meiner Kindheit? Was brachte mein Herz zum Hüpfen? Indem Sie in Verbindung kommen mit Ihrem reinen Kinderherzen, mit dessen impulsiver Lebensfreude und seinem zarten Mitgefühl, werden Sie wieder aufmerksam für die vielen kleinen Freuden des Alltags, für all die Dinge, die das Leben schöner und bunter machen, und all die Menschen, die das Leben liebens- und lebenswerter machen. Nehmen Sie diese Momente ganz bewusst wahr und tief in Ihr Herz hinein. Hierfür gilt es, alle Sinne auf Empfang zu stellen, um die Intensität des Augenblicks auskosten und genießen zu können, ganz achtsam zu sein für die Geschenke, die das Leben uns täglich kredenzt. Riechen, schmecken, sehen, hören und spüren, was es uns anbietet.

Kultivieren Sie die Achtsamkeit des Herzens, wie sie im Kapitel „Die Achtsamkeit des Herzens" beschrieben ist. Zu einem Lebenskünstler werden wir dann, wenn wir die einfachen

Dinge des Lebens, die wir nur allzu oft als selbstverständlich erachten, genießen können: den duftenden Kaffee am Morgen, die ersten Sonnenstrahlen, die ins Zimmer fallen, das gemeinsame Frühstück mit der Familie. Wer die Schönheit in den alltäglichen Dingen zu entdecken vermag, erhöht den Glücksfaktor seines Lebens. Werden Sie zum Glückssucher! Halten Sie während des Tages immer wieder inne und verankern Sie sich mit einigen Atemzügen im Hier und Jetzt. Blicken Sie um sich, lauschen Sie, spüren Sie, welche Geschenke Ihnen das Leben in diesem Augenblick anbietet. Nehmen Sie sich die Zeit, die schönen Momente tief in sich aufzunehmen. Sammeln Sie die Sternstunden Ihres Lebens, sodass Sie auch in schwierigen Zeiten jederzeit darauf zurückgreifen können.

Und vor allem: Erfreuen Sie sich an der Freude der anderen! Denn geteilte Freude ist doppelte Freude! Wenn wir uns an der Freude anderer Menschen miterfreuen können, dann vervielfältigt sich unsere Freude. Sie lässt unser Herz mitschwingen und höher schlagen. Die Grundlage für Mitfreude ist die Erfahrung der Verbundenheit. Diese ist zugleich auch das beste Rezept gegen Neid und Missgunst, die unser Herz mitunter heimsuchen und es mit Groll erfüllen. Deshalb ist die Mitfreude (*Mudita*) zentraler Bestandteil der buddhistischen Ethik und zählt zu den „vier unermesslichen Herzensbefreiungen". Es ist eine wichtige Übung der Herzensbildung, freudvolle Momente mit anderen zu teilen und sie an der eigenen Lebensfreude Anteil nehmen zu lassen. Wenn wir unsere Freude mit anderen teilen, intensiviert sie sich. Wie in einer Kettenreaktion öffnet sie die Herzen der anderen Menschen um uns herum und wir erfahren die Bedeutung des alten Weisheitsspruches: „Je mehr Freude wir anderen Menschen machen, desto mehr Freude kehrt ins eigene Herz zurück."

Fragen Sie sich:

» Was macht mein Herz weit und weich?
» Was lässt mein Herz höher schlagen?
» Wie kann ich mehr Freude in die Welt tragen?

Das Herz der Freude öffnen

Mittels einer sehr einfachen und effektiven Übung aus dem Yoga können Sie dazu beitragen, Ihr Herz zu öffnen und die Freude in dieses einzuladen: Stellen Sie sich dazu mit schulterbreit geöffneten Beinen locker hin. Spüren Sie den Kontakt Ihrer Füße mit dem Boden. Heben Sie dann langsam die Arme und strecken Sie diese über den Kopf aus. Bleiben Sie so einige Atemzüge stehen und spüren Sie die Dehnung Ihres Körpers. Beim nächsten Einatmen beugen Sie sich mit geöffneten Armen so weit zurück, wie es für Sie angenehm ist. Verharren Sie in dieser Stellung für fünf Atemzüge und atmen Sie bewusst in Ihr Herz hinein. Beim nächsten Ausatmen richten Sie sich wieder auf. Wiederholen Sie diese Bewegung einige Male. Spüren Sie dabei, wie Ihr Herz sich weitet und mit Energie und Wärme durchflutet wird. Bleiben Sie zum Abschluss noch einige Zeit entspannt stehen, legen Sie dabei Ihre Hände auf Ihr Herz und laden Sie nun ganz bewusst die Freude in Ihr offenes Herz ein. Sagen Sie sich innerlich: „Möge ich von Freude und Herzenswärme erfüllt sein." Vielleicht möchten Sie diesen Wunsch mit sich durch den Tag tragen.

Das lachende Herz

Ein Tag ohne Lachen
ist ein verlorener Tag.

Charlie Chaplin

Lachen ist gesund, sagt der Volksmund, und die moderne Medizin bestätigt es: Lachen ist die beste Medizin gegen Stress, Ärger und Angst. Nicht von ungefähr werden seit einigen Jahren Clowns in Krankenhäusern eingesetzt, um den gesundheitsfördernden Effekt des Lachens therapeutisch zu nutzen. Forschungen belegen, dass sich beim Lachen die Blutgefäße weiten und das Herz mit mehr Sauerstoff versorgt wird. Die Muskulatur der Arterien entspannt sich, wodurch der Blutdruck sinkt und die entspannte Muskulatur besser durchblutet wird. Stresshormone werden abgebaut und das Immunsystem aktiviert. Gleichzeitig kommt es zur Ausschüttung von schmerzlindernden Glückshormonen, den sogenannten Endorphinen.

Angst und Stress hingegen haben den genau gegenteiligen Effekt. Sie schnüren uns im wahrsten Sinne des Wortes das Herz zu. Die Blutzufuhr zum Herzen nimmt rapide ab, der Blutdruck steigt an und der Herzschlag wird beschleunigt. Wem es daher gelingt, sich auch in Stressmomenten ein Lächeln abzuringen, tut seinem Herzen etwas Gutes, denn das

Lächeln beruhigt umgehend das aufgewühlte Herz. Lachen Sie daher so oft wie möglich!

Statistiken zufolge lachen Kinder etwa 400-mal am Tag, Erwachsene jedoch nur noch 15-mal. Wieso verlernen wir das Lachen? Weshalb nehmen wir als Erwachsene alles so schrecklich ernst? Dabei gibt es doch kaum etwas Schöneres, als zu lachen, ausgelassen zu sein, sich heiter und spielerisch mit anderen Menschen zu verbinden. Lachen befreit, macht unser Herz leicht und weit und entspannt unseren Körper. „Seien Sie albern", rät der amerikanische Kardiologe Paul Pearsall. „Aus kardioenergetischer Sicht ist es gesundheitsfördernd, kindlich zu sein, sich vom Leben verzaubern zu lassen, verrückt zu sein und sich heiter und spielerisch mit anderen Herzen zu verbinden."

Wenn wir achtsam um uns blicken und unser Herz öffnen, können wir die vielen Gelegenheiten im Alltag zum Schmunzeln, Kichern und herzhaften Lachen erkennen. Wir müssen mit dem Lachen auch gar nicht warten, bis sich etwas Lustiges ereignet. Wir können uns in jedem Augenblick dafür entscheiden, dem Leben eine humorvolle Seite abzugewinnen und ein befreiendes Gelächter anzustimmen. Das hebt unsere Stimmung selbst dann, wenn diese gerade im Keller ist. „Wir lachen nicht, weil wir glücklich sind – wir sind glücklich, weil wir lachen", sagt der indische Begründer der weltweiten Lachbewegung, Dr. Madan Kataria, der die Heilkraft des Lachens auf der Basis des uralten Yoga-Wissens kultiviert. Gemeinsames Lachen ist ansteckend, befreiend und herzverbindend. Unwillkürlich lachen wir mit, auch wenn uns gerade gar nicht danach zumute ist.

Wenn wir mit anderen Menschen lachen, dann geht uns im wahrsten Sinne des Wortes das Herz auf, denn Lachen knüpft eine vibrierende Energieverbindung von Herz zu Herz und macht Gemeinschaft möglich. Wer mehr Lachen in sein Leben holen möchte, kann sich dafür entscheiden, einen Lachyoga-Kurs zu besuchen, um zusammen mit anderen grundlos und doch herzhaft zu lachen. Oder sich Filme mit den zeitlos komischen Schauspielern Charlie Chaplin oder Stan Laurel und Oliver Hardy im Internet ansehen, Clips mit Ernie und Bert aus der Sesamstraße herunterladen und sich an deren zeitloser Kindlichkeit erfreuen. Ein wahres Fest für das innere Kind, das freudig glucksen, kichern und ausgelassen lachen wird.

Humor ist, wenn man trotzdem lacht, heißt es so schön im Volksmund. Denn wer auch schwierigen Situationen ein Lächeln abgewinnen kann, bewältigt Probleme mit größerer Leichtigkeit. Und wem es gelingt, sich selbst nicht so schrecklich ernst zu nehmen und über sich zu lachen, dem setzen die Widrigkeiten des Lebens weit weniger zu. Warmherzige und weise Menschen erkennen wir daran, dass sie mit anderen Menschen oft und gerne von Herzen lachen. Im gemeinsamen Lachen zeigt sich die Weisheit des Herzens, die sich in Freud und Leid mit anderen Menschen verbunden weiß.

Fragen Sie sich:

» Wann habe ich zum letzten Mal aus vollem Herzen gelacht?
» Wer erfüllt mein Herz mit einem glücklichen Lächeln?
» Was lässt mein Herz im Leib lachen?

Das lächelnde Herz

Seien Sie freundlich zu Ihrem Herzen. Und was könnte dieses mehr erfreuen als ein Lächeln? In der Tradition des Taoismus lächelt man seinen Organen zu, um ihnen Wertschätzung zukommen zu lassen und sie mit Vitalität und Lebenskraft zu erfüllen. Da Angst, Anspannung und Stress unser Herz schwächen, ist es wichtig, es immer wieder mit neuer Energie und Kraft zu versorgen. Das lächelnde Herz ist hierfür eine einfache und zugleich sehr heilsame Übung, die Sie immer und überall praktizieren können. Schließen Sie die Augen und visualisieren Sie Ihr Herz. Und nun lächeln Sie diesem zu. Spüren Sie, wie die warme Energie des Lächelns sich in Ihrem Herzen ausbreitet. Fühlen Sie, wie Ihr Herz unter Ihrem Lächeln aufblüht, wie es sich mit Wärme und Freude erfüllt, wie es freudig und voll Vitalität schlägt. Das warmherzige Lächeln entspannt zugleich unzählige Muskeln in Ihrem Gesicht und schüttet Glückshormone in Ihrem Körper aus. Lächeln Sie Ihrem Herzen so lange zu, bis dieses beginnt, Ihr Lächeln zu erwidern und von sich aus zu lachen. Können Sie fühlen, was für ein wärmendes Gefühl es ist, ein lachendes Herz in der Brust zu tragen? Wie Sie die Welt und die Menschen in einem positiven Licht sehen können?

Vielleicht möchten Sie fortan jeden Morgen beim Aufwachen Ihrem Herzen zulächeln und ihm vor dem Schlafengehen einen Gutenachtgruß zulächeln.

Der Gesang des Herzens

Der Gesang der Stimme ist süß,
der Gesang des Herzens aber ist
wie eine Stimme vom Himmel.

Khalil Gibran

Ganz gleich, ob wir Beethovens „Ode an die Freude" anstimmen, ein altes Volkslied im Kreis der Familie singen oder beschwingt einen Schlager trällern: Wir werden uns danach umgehend besser fühlen. Denn Singen ist nicht nur gesund, es macht uns auch glücklich. Wissenschaftliche Studien bestätigen, dass Singen Krankheiten vorbeugt und stimmungsaufhellend wirkt. Dem Atem kommt dabei eine Schlüsselrolle zu, denn durch das Singen vertieft und verlangsamt sich unsere Atmung, und unser Körper kann mehr Sauerstoff in alle Zellen aufnehmen. Die flache Atmung, die wir uns in Stresszeiten angewöhnt haben, weicht dabei einer natürlichen Vollatmung. Die Herzfrequenz sinkt und das Herz schlägt ruhiger. Das Singen entfaltet dadurch eine ähnliche Wirkung wie die Atemübungen des Yoga.

Doch Singen ist nicht nur gesund für das Herz, durch das Singen können wir auch unsere mentale Gestimmtheit beeinflussen. Wolfgang Bossinger, der Begründer der „Singenden Krankenhäuser", weiß um die glücksfördernde Wirkung des

Singens, die er häufig bei Patienten beobachten konnte. Um diese Wirkung zu entfalten, rät er: Erlauben Sie sich, aus vollem Herzen zu singen, und bewerten Sie sich nicht kritisch, sondern genießen Sie Ihren stimmlichen Selbstausdruck. Singen oder summen Sie, wo immer Sie können: unter der Dusche, beim Spaziergehen, im Auto. Trällern Sie Ihre Lieblingsmelodien mit Hingabe und Freude, so wie Kinder es tun. Improvisieren Sie spielerisch mit Ihrer Stimme und erfinden Sie eigene Melodien. Besuchen Sie Singgruppen, die nicht leistungsorientiert sind und bei denen die Freude am Singen im Mittelpunkt steht.

Gemeinsam zu singen ist nicht nur eine herzstärkende, sondern auch eine herzverbindende Aktivität. Sie fördert die Friedfertigkeit untereinander und macht die Verständigung der Herzen über alle kulturellen Grenzen hinweg möglich. Untersuchungen der schwedischen Universität Göteborg haben zutage gefördert, dass die Herzen von Chormitgliedern beim gemeinsamen Singen synchron schlagen. Liedaufbau und Melodie spiegeln sich in der gemeinsamen Herzaktivität wider. Atmen die Sänger aus, fällt ihr Puls, atmen sie ein, steigt er an. So entsteht beim gemeinsamen Singen der Effekt, dass die Herzen miteinander im Einklang sind.[1]

Singen ist ein wichtiger Bestandteil aller Kulturen und Religionen. Und doch haben wir in unserem Kulturkreis fast das gemeinsame Singen verlernt. Wir werden zwar ständig und überall von Musik berieselt, doch wir selbst singen immer weniger. Es ist, als ob es uns die Stimme verschlagen hätte. Stattdessen überlassen wir es den Pop- und Schlagersängern, unsere Gefühle mit viel Pathos und Rührseligkeit auszudrücken. Doch um unsere eigenen, oftmals blockierten Gefühle zum Ausdruck zu bringen, müssen wir schon den Sänger in uns selbst entdecken, denn beim Singen wird Energie frei, die in unserem Körper feststeckt. Energieblockaden zeigen sich häufig in körperlichen Blockaden. Singen Sie sich frei! Gerade dann, wenn Sie das Gefühl haben, dass es Ihnen die Sprache verschlagen hat, dass Ihnen unausgesprochene Gefühle im Hals stecken, dass eine unausgesprochene Angst Ihnen die Kehle zuschnürt, dass Ihnen etwas schwer auf dem Herzen liegt. Werfen Sie den CD-Player an, legen Sie Ihre Lieblingsmusik auf und singen Sie lauthals mit. Geben Sie Ihrer momentanen Stimmung Ausdruck, indem Sie etwas Tieftrauriges, Zorniges oder Fröhliches singen. Verleihen Sie Ihrem Herzen eine Stimme!

Singen ist eine einfache und zugleich sehr effektive Praxis, um das Herz zu öffnen und offen zu halten. Finden Sie spielerische Möglichkeiten, um mit der Stimme Ihres Herzens in Kontakt zu kommen. Je unverkrampfter Sie dies tun, desto größer ist der entspannende Effekt. Singen Sie, wann immer Sie sich ungestört fühlen. Sie können es anfangs auch mit Summen versuchen. Tief aus dem Bauch heraus. Spüren Sie die Schwingung, die dabei in Ihrem Körper entsteht. Er wird dann zum Klangkörper und vibriert und pulsiert. Spüren Sie das Summen in Ihrem ganzen Körper, in Ihrem Kopf, tief in Ihrem Herzen. Hier hat der heilige Laut, das „OM", seinen Sitz.

Der große Geigenvirtuose und Dirigent Yehudi Menuhin wusste um die heilende Kraft des Singens. In seinem Aufsatz *Zur Bedeutung des Singens* schrieb er: „Wenn einer aus seiner Seele singt, heilt er zugleich seine innere Welt. Wenn alle aus ihrer Seele singen und eins sind in der Musik, heilen sie zugleich auch die äußere Welt." Im Singen erleben wir uns als Klangkörper, als einzigartiger Ton in der großen Symphonie der Schöpfung. Der Körper fungiert mit seinen Organen Lunge, Kehlkopf, Stimmlippen, Zwerchfell und Vokaltrakt als Stimminstrument.

Aus ethnologischer Sicht war der Gesang unserer Urahnen eine religiöse Kulthandlung, in der sie ekstatisch Körper und Psyche zu einer Einheit verschmolzen. Bis heute ermöglicht das gemeinsame Singen von „Kraftliedern", von Kirchenliedern oder Mantras aus den spirituellen Traditionen einen einfachen und wirksamen Zugang zu dieser uralten Heilkraft. Neben der sakralen Bedeutung solcher Gesänge liegt ein Teil ihrer starken Wirkung auch darin, dass sie einfache Melodieverläufe und einprägsame Texte verwenden und durch die unablässige Wiederholung, das sogenannte *Chanten*, in einen meditativen Zustand führen. Viele Meditationszentren und Kirchen bieten die Möglichkeit zum gemeinsamen Chanten an. Anders als in professionellen Chören geht es dabei nicht um musikalische Perfektion, sondern um die Entfaltung der sozialen, gesundheitsfördernden und transzendenten Wirkung des Singens. Zudem bieten viele Krankenhäuser und psychosomatische Kliniken das „Heilsingen" mittlerweile als Therapieform an.

Das Aufeinander-Einschwingen durch Stimme, Atem, Klang und Bewegung versetzt in einen Flow-Zustand, in dem alles in uns ins Fließen kommt. Yehudi Menuhin beschrieb diesen Zustand wie folgt: „Wir Menschen sind im Singen schöpfende und schöpferische Klangwesen: Wir vermögen durch Gesang unsere Welt und unser Handeln zu beseelen, singend Liebe, Freude, Hoffnung und Zuversicht zu schenken, uns aber auch den Schmerz von der Seele zu singen und unser Herz durch Verzeihen zu beschwingen: Wir vermögen, zum Lobpreis der Schöpfung einigender Gesang zu sein."

In manchen Naturvölkern wird jedem Neugeborenen ein eigenes Lied mit auf den Lebensweg gegeben. Das Lied gibt ihm Kraft in schlechten Zeiten und seiner Freude in guten Zeiten Ausdruck. Mit diesem Lied auf den Lippen wird er schließlich dem Tod entgegengehen, und die Menschen, die ihn liebten, werden seiner mit diesem Lied gedenken. Gibt es vielleicht auch in Ihrem Leben ein Lied, das Sie bereits seit früher Kindheit begleitet, ein Lied, das Ihnen immer wieder in den Sinn kommt, das Sie unbewusst summen oder singen? Erforschen

Sie einmal, ob auch Sie ein Kraftlied haben, das Sie durch das Leben begleitet. Und nutzen Sie dessen Gesang so oft wie möglich dazu, Ihr Herz zu öffnen und zu wärmen.

 ## Fragen Sie sich:

» In welchem Lied verkörpert sich mein Lebensgefühl?
» Was bringt mein Herz zum Singen?
» Wie klingt die Melodie meines Herzens?

 **Herz-Mantra tönen**

Im Tibetischen Buddhismus ist die Silbe „HUM" mit dem Herzchakra verbunden. Sie gilt als der Laut, der das Herz öffnet und weitet. Setzen Sie sich zur Mantra-Meditation auf Ihr Meditationskissen oder aufrecht auf einen Stuhl. Atmen Sie einige Male ruhig ein und aus. Beim nächsten Ausatmen tönen Sie auf die Silbe „HUM". Wiederholen Sie dies etwa 10 Minuten lang. Nehmen Sie dabei Kontakt mit Ihrem Herzen auf. Sie können hierfür die Hände vor der Brust falten oder auf das Herz legen. Spüren Sie, wie der Ton in Ihrem Körper vibriert und Ihr Herz wärmt.

 **Herzchakra tönen**

Alternativ zur Silbe „HUM" können Sie auch den Vokal „A" beim Ausatmen tönen, der in der Laut-Therapie verwendet wird, um das Herzchakra in Schwingung zu versetzen.

 **Taizélied chanten**

„Schweige und höre. Neige deines Herzens Ohr. Suche den Frieden."

Alle Lieder der christlichen Taizé-Gemeinschaft zeichnet aus, dass sie über eine eingängige Melodie und einen einfachen Text verfügen. Sie eignen sich daher bestens zum Chanten. Falls Sie die Melodie dieses Liedes nicht kennen, können Sie sie im Internet finden. Dieses kurze und eingängige Lied, dessen Text von dem Ordensgründer Benedikt von Nursia stammt, können Sie jederzeit zur Öffnung des Herzens chanten – laut oder auch leise.

Der Tanz des Lebens

Erst seit ich tanze, lebe ich.

Maulana Rumi

Eine äußerst wirksame und zugleich freudvolle Möglichkeit der Herzensöffnung stellt das Tanzen dar. Vielleicht kennen Sie die Darstellungen des indischen Gottes Shiva, der inmitten eines Flammenkreises den ekstatischen Tanz des Lebens tanzt. Shivas Tanz ist Ausdruck eines dynamischen Kosmos, in dem sich alles, selbst die feste Materie, in vibrierender Schwingung befindet. Was die indische Mythologie immer schon wusste, bestätigt uns heute die moderne Quantenphysik: Alles in diesem Universum ist in unablässiger Bewegung, alles ist im ständigen Wandel begriffen. Die verlässlichste Art, die Wirklichkeit zu denken, ist, sie in Schwingungen, Frequenzen und Rhythmen wahrzunehmen. Vitalität und Lebensfreude sind daher untrügliche Zeichen dafür, dass wir mit der Energie des Kosmos in Einklang sind. Und der Tanz bietet eine Möglichkeit, sich in diese einzuschwingen. Tanzen Sie daher so oft und wo immer Sie können! Machen Sie Ihr Wohnzimmer zum Dancefloor. Legen Sie Ihre Lieblingsmusik auf und lassen Sie sich vom Rhythmus erfassen.

Musik ist eine große Verführerin, die unseren Körper umgehend zur Bewegung verlockt. Indem wir uns dem Rhythmus hingeben, befreien wir unseren Körper von Anspannungen und Blockaden und öffnen damit auch unser Herz. Davon war die mittlerweile verstorbene Tanztherapeutin Gabrielle Roth überzeugt und entwickelte hierfür die Bewegungsmeditation der „Fünf Rhythmen", ein Workout für Körper und Geist, das zum Ziel hat, das kraftvolle und kreative Wesen in uns hervorzulocken: unseren inneren Tänzer. „Wenn sich der Körper durch die Rhythmen bewegt, kommen dabei zwangsläufig Emotionen hoch. Und wenn wir den Körper befreien, setzen wir automatisch auch den Prozess zu einem befreiten Herzen in Gang", erkannte Gabrielle Roth in ihrem Buch *Totem. Das Praxisbuch der Fünf Rhythmen*. Dahinter steht die Überzeugung, dass Emotionen – ebenso wie unser Blut – ungehindert durch den Körper fließen müssen. Wenn Gefühle blockiert sind, erleben wir einen Mangel an Vitalität, Schwung und Lebenskraft. Ein dynamisches und vitales Leben zu führen heißt, mit einem offenen Herzen durch das Leben zu gehen und die eigenen Gefühle spüren, fließen und ausdrücken zu können.

Doch seien wir ehrlich: Wir sind nicht wirklich gut vertraut mit unseren Gefühlen. Viele von uns mussten sie bereits in der Kindheit verleugnen und unterdrücken, und das tun wir heute noch. Die Tanztherapeutin Gabrielle Roth wusste, dass ein erfülltes Leben die gesamte Palette der Gefühle umfasst, und arbeitete daher gezielt mit den fünf Grundemotionen Angst, Wut, Trauer, Freude und Mitgefühl. Jedes Gefühl ist eine Botschaft unseres Herzens an uns. Oft versuchen wir, Angst, Wut und Trauer zu vermeiden und wollen nur die positiven Gefühle zulassen. Aber Lebensfreude und Mitgefühl sind nicht ohne die Erfahrung von Angst, Wut und Trauer zu haben. Es gibt keinen authentischen Weg an den Gefühlen vorbei. Wir werden unsere schmerzhaften Gefühle auch nicht einfach los, indem wir sie nicht beachten. Dann lagern sie sich in unserem Körper ein und werden toxisch. Erst indem wir sie fließen lassen, uns ihnen hingeben und ihnen Ausdruck verleihen, erlösen wir sie und können wir sie schließlich auch loslassen. Der Tanz bietet im Zusammenspiel von Musik, Rhythmus und Bewegung den unmittelbaren Zugang zu diesen Gefühlen. Beim Tanzen kommen unsere Emotionen in den Fluss: sanft, wild, feurig, fließend, kraftvoll, ekstatisch. Wir befreien unser Herz von der Last angestauter und vergrabener Gefühle.

Bringen Sie Ihre Gefühle mit Ihrem ganzen Körper zum Ausdruck. Lassen Sie es nicht zu, dass sie stagnieren und Ihre Lebenskraft blockieren. Gefühle bewegen uns. Gefühle sind die Quelle unserer Lebendigkeit. Sie lassen unser Herz höher schlagen und erfüllen es mit Kraft. „Embody your heart", ist die Aufforderung an uns. Feiern Sie Ihre Lebensfreude mit einem feurigen Flamenco, geben Sie Ihrer Traurigkeit mit einem herzzerreißenden Blues Ausdruck, stampfen Sie Ihren Zorn bei Techno heraus. Öffnen Sie Ihr Herz für den Tanz des Lebens!

 ## Fragen Sie sich:

» Wann habe ich zum letzten Mal ausgelassen getanzt?
» Welche Gefühle sehnen sich nach Ausdruck?
» Was bringt mein Herz zum Tanzen?

 ## Mit dem Herzen tanzen

Ziehen Sie sich in einen Raum zurück, in dem Sie ungestört sind und der groß genug ist, dass Sie frei darin tanzen können. Spüren Sie in sich hinein, welches Gefühl sich in Ihrem Herzen Ausdruck geben möchte. Welche Musik würde dazu passen? Suchen Sie die passende Musik in Ihrer CD-Sammlung oder im Internet und stellen Sie diese laut. Legen Sie beide Hände auf Ihr Herz und lassen Sie sich von Ihrem Herzen tanzend durch den Raum bewegen. Schwingen Sie sich ein in den Rhythmus Ihres Herzens. Welche Bewegung möchte sich Ausdruck verleihen? Welche Teile Ihres Körpers suchen nach Entspannung? Geben Sie Ihrem Herzen Ausdruck in dem Tanz, der durch Ihren Körper fließt. Lassen Sie alle Gefühle zu, die sich in Ihren Bewegungen ausdrücken möchten. Tanzen Sie, bis Sie sich befreit fühlen und es Ihnen leicht geworden ist ums Herz.

II

Die Herzen verbinden

Das liebende Herz

Wenn du geliebt werden willst, liebe!

Seneca

Gehalten, getragen, genährt und bedingungslos geliebt zu werden, ist die früheste und wichtigste Erfahrung unseres Lebens. Und ganz gleich, ob wir das Glück hatten, diesen Zustand der Geborgenheit als Kind erfahren zu dürfen oder ob wir ihn schmerzlich vermissen mussten – die Sehnsucht danach wird uns ein ganzes Leben lang begleiten.

Wenn wir von uns wohlgesonnenen Menschen umgeben sind, wenn wir Fürsorge und menschliche Wärme erfahren, dann wissen wir uns geliebt und fühlen uns geborgen. Hierzu tragen Familienbande, gute Freunde und verlässliche Beziehungspartner entscheidend bei. Dass Liebe und Geborgenheit Hand in Hand gehen, erfuhr die Dichterin Hilde Domin auf der gemeinsamen Flucht mit ihrem Mann vor den Nationalsozialisten, die sie bis nach Südamerika führte und erkennen ließ: „Zu zweit ist man beschützter." Doch nicht nur in Ausnahmesituationen, auch in unserem ganz normalen Alltag brauchen wir einen sicheren Hafen, einen stabilen Anker, ein menschliches Herz, das uns bedingungslos liebt und Schutz gewährt. Es tut gut zu wissen, dass wir nicht allein sind, dass jemand an unserer Seite steht und zu uns hält – in guten wie in schlechten Zeiten.

Aus dieser Beziehungswärme, aus der Erfahrung, gehalten zu werden, schöpfen wir täglich neue Kraft, um uns den Herausforderungen des Lebens zu stellen.

In seinem Buch *Heilung aus dem Herzen* macht der Kardiologe Paul Pearsall deutlich, dass die Liebe die Grundlage für ein emotional und körperlich gesundes Leben ist. Das Herz ist das Zentrum der Liebe und damit zugleich auch das Organ, das von ihr am meisten profitiert. Die Liebe ist daher eine wirksame Herztherapie, denn sie fördert nicht nur psychisches Wohlbefinden, Glücksgefühle und Ausgeglichenheit, sondern auch die Herzgesundheit. Menschen, die sich rundum geliebt und geborgen fühlen, werden weniger von Ängsten geplagt, sind optimistischer und neigen wissenschaftlichen Studien zufolge weniger zu Verkalkungen der Herzarterien, weshalb sie ein deutlich vermindertes Herzinfarktrisiko haben.[2]

Doch so wunderbar es auch ist, geliebt zu werden – ohne die Fähigkeit, selbst zu lieben, bliebe unser Leben leer und unerfüllt. Der Schriftsteller Erich Kästner brachte es auf die einfache und prägnante Formel: „Glück ist lieben." Die Liebe ist eine Aktivität, die im Geben ihre Erfüllung findet. Im Verschenken der Liebe erlebt sich der Mensch als überströmend, lebendig und mit dem Strom des Lebens verbunden. Eine Erfahrung, die den jungen Goethe verzückt ausrufen ließ: „Und lieben, Götter, welch ein Glück!"

Die *Kunst des Liebens,* darauf wies der Philosoph Erich Fromm in seinem gleichnamigen Weltbestseller hin, ist die wichtigste Aufgabe unseres Menschseins. Denn es ist die Liebe, die uns die wahre Bestimmung unseres Lebens in der Welt erkennen lässt. Sie ist es, die die Mauer einreißt, die unser Herz von denen unserer Mitmenschen trennt. Doch für die Liebe müssen wir schon auch etwas tun, denn sie fällt nicht einfach so vom Himmel. Es gilt, unser Herz zu öffnen, uns anderen Menschen zuzuwenden, Mitgefühl und Mitfreude zu kultivieren und das Positive in anderen Menschen zu erkennen. Es hängt ganz entscheidend vom eigenen Menschenbild ab, ob wir uns geborgen, verbunden und geliebt fühlen in dieser Welt. Nein, die Liebe ist keine leichte Kunst, denn sie fordert genau das ein, was uns Menschen so schwerfällt: Besitzansprüche und Kontrolle aufzugeben, vorgefertigte Erwartungen abzulegen und den anderen loszulassen.

Die Liebe ist ein Kind der Freiheit. Wir können nicht über sie bestimmen. Das ist die härteste Lektion, die sie uns erteilt. Es geht ihr auch nicht darum, nur einen Menschen zu lieben. Sie ist eine Energie, die unser Herz öffnet, es weit macht und sich daher gar nicht nur auf einen Menschen begrenzen kann. Sie ist eine transformative Kraft und weitet den Raum für Wachstum und Entwicklung. Miteinander und aneinander wachsen die Liebenden, reifen hinein in eine größere Liebe und schaffen gemeinsam Neues. Der Neurobiologe Gerald Hüther erblickt in der Liebe daher das faszinierendste Phänomen, das die Evolution des Lebens auf dieser Erde hervorgebracht hat. Sie ist es, die den Einzelnen, das Paar, die menschliche Gesellschaft und letztlich die gesamte lebendige Welt im Innersten zusammenhält. Sie ist das Wunder der Evolution, deren schöpferische Kraft Getrenntes miteinander verbindet und unablässig Neues gestaltet.

Wer Liebe zu verschenken vermag, wer sich einem anderen Menschen hingeben kann, wer bereit ist, sich im anderen zu verlieren, um sich selbst zu finden, taucht ein in das Mysterium der Liebe. Nirgendwo sonst erleben wir dies so intensiv und mit all unseren Sinnen wie in der sexuellen Vereinigung mit einem geliebten Menschen. In der seelisch-körperlichen Hingabe schmelzen die Grenzen unseres Ichs und machen die Vereinigung mit einem Du möglich. Zwei Menschen werden in der erotischen Ekstase über sich selbst hinausgetragen und erfahren sich als Teil eines größeren Ganzen. Eine kosmische

Versöhnung im Kleinen, nannte dies Walter Schubart in seinem Buch *Religion und Eros*: „Zuletzt treibt die Geschlechterliebe den Menschen der Gottheit in die Arme und löscht den Trennungsstrich aus zwischen Ich und Du, Ich und Welt, Welt und Gottheit."

Liebe stiftet Verbundenheit und Geborgenheit. Einsamkeit schmerzt. Doch gerade Letztere müssen in der heutigen Zeit immer mehr Menschen erleben. Die traditionellen Netzwerke, die früher Halt und Schutz boten, sind brüchig geworden. Beziehungen halten nicht mehr ein Leben lang, Familienbande lösen sich auf, nachbarschaftliche Gemeinschaften weichen der großstädtischen Anonymität, Arbeitsplätze sind unsicher geworden, und auch die Kirchen stiften keine Gemeinschaft mehr. In Berlin, der Stadt, in der ich lebe, gibt es mittlerweile mehr Single- als Familienhaushalte. In diese Stadt zieht es vor allem die jungen Kreativen und Individualisten. Doch die Generation vor ihnen, die erstmals die Befreiung von traditionellen familiären Mustern vollzog und nach neuen Lebensentwürfen suchte, ist inzwischen in die Jahre gekommen. Das freie und ungebundene Leben, das so viele in jungen Jahren auskosteten, enthüllt mit voranschreitendem Alter auch seine Schattenseiten. Ungebundenheit kann dann zur Unverbundenheit und Freiheit zur Einsamkeit werden. Das ungebundene und unverbundene Leben birgt zudem gesundheitliche Risiken in sich. So belegt eine dänische Studie, die auf dem Kongress der Europäischen Kardiologengesellschaft vorgestellt wurde, dass Alleinlebende ein mehr als vierfach erhöhtes Risiko tragen, einen plötzlichen Herztod zu erleiden.[3]

Doch auch diejenigen, die sich für Familie und Partnerschaft entschieden haben, machen in der Lebensmitte oft die Erfahrung, dass die einstmals so stabilen Bande nicht ein Leben lang halten. Eine der großen Herausforderungen der Gegenwart ist es daher, neue Netze der Verbundenheit zu knüpfen.

Nicht von ungefähr entstehen allerorten neue Gemein-schaftsprojekte: Patchwork-Familien ersetzen die Großfamilie, Nachbarschaftsprojekte verhindern die Isolation alleinlebender Menschen, Mehrgenerationenhäuser bieten neue Wohnfor-men des Miteinanders für alle. Mittlerweile wissen wir: Ein von Vertrauen und Liebe gewebtes soziales Netz stellt sich als (über)lebenswichtig dar.

In jedem Menschen und damit auch in jeder Beziehung wirkt die Spannung zwischen den beiden Grundbedürfnissen Liebe und Freiheit. Es gilt, diese Spannung nicht nur auszuhal-ten, sondern sie in ein produktives Gleichgewicht zu bringen und im eigenen Herzen auszubalancieren. Wir alle sehnen uns nach Verbundenheit und liebevollem Rückhalt, was uns, wenn wir beides erfahren, die Möglichkeit eröffnet, unser Potenzial als Mensch frei entwickeln und entfalten zu können. Wir spü-ren es meist sehr schnell, wenn eines der beiden Bedürfnisse zu kurz kommt. Dann gerät unser Leben aus dem Gleichgewicht. Freiheit wird zur Unverbundenheit und Geborgenheit führt in die Stagnation. Das Merkmal einer jeden guten Beziehung ist, dass sie beide Impulse in sich zu vereinen sucht, dass sie Ent-wicklung und Wachstum beider Beteiligter ermöglicht, ohne dabei die liebevolle Verbundenheit aufzukündigen. Dies ist nur möglich mit einem offenen und entwicklungsbereiten Herzen.

Wenn wir wahrhaft lieben, sind wir frei. „Liebe, und tue, was du willst", sagte der Kirchenvater Augustinus, was aus sei-nem Munde ganz sicher nicht als Aufruf zum hemmungslosen Egoismus, sondern als Ausdruck des bedingungslosen Vertrau-ens in die Kraft der Liebe zu verstehen ist – einer Liebe, in der die Partnerschaft zur Keimzelle einer umfassenden Verbunden-heit mit allen Menschen wird. Einer Liebe, die nicht eifersüch-tig das Herz des anderen bewacht, sondern sich öffnet für die Welt. „Wenn ich einen Menschen wahrhaft liebe, so liebe ich alle Menschen, so liebe ich die Welt, so liebe ich das Leben.

Wenn ich zu einem anderen sagen kann: ‚Ich liebe dich', muss ich auch sagen können: ‚Ich liebe in dir auch alle anderen, ich liebe durch dich die ganze Welt, ich liebe in dir auch mich selbst", erkannte Erich Fromm. So führt die Partnerliebe zur Selbstliebe und letztlich zur umfassendsten Form der Liebe, der Nächstenliebe, die sich in der tätigen Fürsorge für unsere Mitmenschen ausdrückt.

 ## Fragen Sie sich:

» Fühle ich mich in meinem Leben geborgen und liebevoll getragen?
» Wen liebe ich aus tiefstem Herzensgrund?
» Wie kann ich zu mehr Liebe in der Welt beitragen?

 ## Die Kraft der Liebe stärken: Die Heart LOCK-IN-Herzübung[4]

Diese von Doc Childre vom HeartMath-Institut empfohlene Übung stärkt die Kraft Ihres Herzens und lässt die Herzenergie fließen. Sie unterstützt Sie darin, Liebe zu empfinden und diese an andere auszustrahlen.

Nehmen Sie sich für diese Übung 10–15 Minuten Zeit und ziehen Sie sich an einen ruhigen und ungestörten Ort zurück. Schließen Sie Ihre Augen und entspannen Sie sich. Lenken Sie Ihre Aufmerksamkeit auf Ihre Herzgegend. Stellen Sie sich für einige Atemzüge vor, tief in Ihr Herz zu atmen. Erinnern Sie sich nun an das Gefühl von Liebe und Zuneigung, die Sie für einen Menschen in Ihrem Leben empfinden. Versuchen Sie, einige Minuten bei diesem Gefühl zu bleiben. Lenken Sie dann diese Liebe, die Sie empfinden, auf sich und spüren Sie dankbar, wie sich diese wärmend in Ihnen ausbreitet. Im nächsten Schritt verströmen Sie dieses Gefühl der Liebe an alle Menschen, die Ihnen in den Sinn kommen.

Immer, wenn Sie sich abgelenkt fühlen, weil Ihnen andere Gedanken in den Sinn kommen, richten Sie Ihre Aufmerksamkeit wieder sanft auf Ihren Herzbereich. Spüren Sie die Weichheit und Wärme in Ihrem Herzen. Je länger Sie mit Ihrer Aufmerksamkeit bei Ihrem Herzen bleiben können, desto beständiger und intensiver wird die Verbindung zu ihm.

Das mitfühlende Herz

*Gehen wir voller Mitgefühl
auf andere zu, setzen wir der
Einsamkeit ein Ende.*

Dalai Lama

Mitgefühl ist die Antwort des Herzens auf den Schmerz eines anderen Lebewesens. Im Mitgefühl schwingt unser Herz mit, es bebt förmlich beim Anblick des Leidens eines anderen. Der Buddhismus beschreibt dies eindrücklich als das „Erschaudern des Herzens im Angesicht des Leids" und erblickt im Mitgefühl die Wurzel für die Verbundenheit aller Wesen. Mitgefühl schmilzt die Schutzschichten ab, die wir um unser Herz gelegt haben, macht es weich und weit und bringt es mit seiner ursprünglichen Zartheit und Verletzlichkeit in Kontakt. Unsere Herzenergie kann wieder frei und ungehindert fließen. Sicherlich können auch Sie sich an Situationen in Ihrem Leben erinnern, in denen Ihnen im wahrsten Sinne des Wortes das Herz aufging, an Augenblicke, in denen Ihnen das Leid eines anderen Menschen so unmittelbar ans Herz ging, dass Sie das Gefühl hatten, es würde Ihnen das Herz aufreißen.

Zweifellos braucht es nicht nur ein empfindsames, sondern auch ein mutiges und entschlossenes Herz, um sich für das Leid der Welt zu öffnen. Oft scheuen wir davor zurück, weil wir befürchten, von der Wucht des Schmerzes überwältigt zu werden. Wir glauben, dass unser Herz nur eine bestimmte Kapazität hat, dass es begrenzt ist, dass es sich am Leid verbrennt und schließlich ausbrennt. Das aber ist eine sehr beschränkte Vorstellung vom menschlichen Herzen. Tatsächlich verfügt es über unermessliche Ressourcen, wenn es sich mit anderen Herzen verbunden weiß. Das ist es, was der Buddha ebenso wie Jesus lehrte: dass es letztlich keine Trennung zwischen „mir" und „dir" gibt. „Was du dem geringsten meiner Brüder getan hast, das hast du mir getan", sagte Jesus und brachte damit die Verbundenheit aller Menschen zum Ausdruck.

Auch die moderne Quantenphysik belegt, dass es in diesem Kosmos nichts gibt, was voneinander getrennt ist. „Jedes Atom in diesem Universum ist mit jedem anderen Atom verbunden", sagte der Quantenphysiker Hans-Peter Dürr in einem Vortrag. Demzufolge hat alles, was wir tun, Auswirkungen auf das Ganze. Und wenn wir gut für unser eigenes Herz sorgen und Herzenswärme entwickeln, erwärmen wir damit auch die Herzen anderer Menschen. Wir sind durch unser Herz mit dieser Welt und den Menschen auf sehr unmittelbare Weise verbunden. Die Signale, die wir in Form von Mitgefühl und Liebe aussenden, kommen daher beim anderen selbst ohne Worte an. Wer Grundgefühle des Herzens von Wohlwollen und Wertschätzung an andere Menschen verströmt, kann diese als eine fast greifbare Energie wahrnehmen, die ihn mit anderen Menschen verbindet. Buddhistische Meditationen des Mitgefühls ebenso wie Gebete finden also tatsächlich ihre Empfänger.

Neurobiologen fanden heraus, dass das Herz nicht nur fühlt, sondern auch denkt. Und während es die wichtigste strategische Funktion des Gehirns ist, die eigenen Interessen zu fördern, um unser Dasein so angenehm wie möglich zu gestalten, ist unser Herz auf Partnerschaft ausgerichtet. Sein Bestreben sind Wertschätzung, Kooperation und ein Leben in Harmonie mit der Natur und allen Wesen. Das Gehirn sagt „Ich", das Herz fühlt „Wir".

Darum geht es doch: sich verbunden zu wissen, Vertrauen in das Leben und die Menschen zu setzen. Die Liebe zu stärken und die Angst zu schwächen. Sich verbunden zu wissen mit anderen. Sich ihnen fürsorglich und vertrauensvoll zuzuwenden. Bereit zu sein, sich auch einmal fallen zu lassen und zu erfahren, dass das Leben trägt. Sich in einem größeren Ganzen aufgehoben und geborgen zu wissen. Die Achtung und Ehrfurcht vor allem Lebendigen wiederzuentdecken und sich nicht mehr länger getrennt von der Welt und den Menschen wahrzunehmen. Nur so können wir die Kraft unseres Herzens aktivieren und nutzen, uns öffnen für wahres Mitgefühl und unsere Furcht vor dem Leid der Welt verlieren.

Das setzt allerdings voraus, dass wir das Leid als Teil des Lebens annehmen. Der Buddha sah im Leid die Grundbedingung der menschlichen Existenz, der alle Lebewesen unterworfen sind. Das Leid ist es, was uns alle eint. Leben ohne Leid ist nicht möglich, da weder die menschliche Natur noch die Welt, in der wir leben, perfekt sind. Und doch, so der Buddha, ist es der berechtigte Wunsch eines jeden Lebewesens, glücklich zu sein und möglichst wenig zu leiden. Wenn wir uns der Erfahrung öffnen, dass wir in einer Welt der Verbundenheit leben, in der jede Trennung nur Illusion ist, dann wird das Leid des anderen zu unserem Leid und wird seine Freude zu unserer Freude. Daher werden wir umso entschiedener versuchen, sein Leid zu lindern und seine Freude zu fördern.

Mit einem offenen Herzen durch das Leben zu gehen, den Mut aufzubringen, sich dem Leid zu stellen und der Angst ins Auge zu blicken, zeichnet im Shambalha-Buddhismus den wahren Krieger aus. Er stärkt Liebe und Mitgefühl in der Welt und trägt zur Heilung bei, die immer dann geschieht, wenn Liebe an die Stelle von Angst tritt. Diese Geisteshaltung kann uns darin unterstützen, das Leid als einen unverzichtbaren Lehrmeister des Lebens anzuerkennen, das die Verkrustungen unseres Herzens löst, es durchtränkt, bis es schließlich ganz weich und weit wird.

In dieser Hinsicht ist das Leid auf das Engste mit der Liebe verwandt. Nie sind unsere Herzen einander so nahe wie in der Liebe und im Leid. „Das Leiden am Leben ist Teil unseres Herzens sowie Teil dessen, was uns miteinander verbindet. Es trägt eine Zärtlichkeit in sich, ein Mitgefühl und ein Wohlwollen, das alle Dinge umfängt und jedes Wesen berühren kann", schreibt der buddhistische Lehrer Jack Kornfield in seinem Buch *Das weise Herz*. Wer hingegen das Leid von sich fernhalten will, muss sein Herz abschotten und unter Verschluss halten. Damit wird die Willenskraft, mit der manche Menschen das Leid von sich weisen, zugleich zum Hindernis für ihr Glück. Denn wie sollte man mit einem verschlossenen Herzen die Intensität des Lebens und die Verbundenheit mit anderen Menschen erfahren können?

Im Leid können wir zu einer Tiefe des Lebens vordringen, die uns sonst verschlossen bliebe. Ich habe die gütigsten Herzen bei den Menschen gefunden, die durch schwerstes Leid gehen mussten. Der Auschwitzüberlebende Yehuda Bacon antwortete auf meine Frage, ob denn das unsägliche Leid, das er erfahren musste, einen Sinn gehabt habe: „Leiden kann ein Katalysator werden, wenn es einen Menschen erschüttert, so tief, dass er zu einer tieferen Erkenntnis kommt. Er spürt, wir Menschen haben etwas Gemeinsames, im höchsten Sinne eine Liebe oder die Erkenntnis von einer Verbundenheit, die die Möglichkeit gibt von einem tieferen Verständnis."

Es braucht Einfühlungsvermögen und Offenheit, um sich in die Erfahrungswelt eines anderen Menschen hineinzuversetzen und eine Ahnung davon zu erhalten, wie es uns selbst an seiner Stelle ginge. Letztlich können wir Mitgefühl für einen anderen Menschen nur dann spüren, wenn wir unser eigenes Leid spüren können. Selbstmitgefühl und Selbstfürsorge sind daher von zentraler Bedeutung für das Mitgefühl mit anderen. Zugleich braucht es innere Stärke, um bei sich selbst bleiben zu können und nicht davongetragen zu werden vom Leid des anderen und mit ihm in diffusem Mitleid zu verschmelzen. Damit wäre niemandem geholfen. Mitgefühl kann sich erst dann entfalten, darauf weist die buddhistische Lehrerin Sylvia Wetzel in ihrem Buch *Achtsamkeit und Mitgefühl* hin, wenn wir uns in das Leid eines anderen Menschen einfühlen können und gleichzeitig zwischen seinem und dem eigenen Leiden unterscheiden können.

Im Buddhismus gilt Mitgefühl als Weisheit des Herzens und zählt neben Liebe, Freude und Gelassenheit zu den vier heilsamen Haltungen. Hilfreich für die Entfaltung des Mitgefühls sind daher immer auch die Stärkung der drei anderen heilsamen Haltungen und die Aktivierung von aufhellenden Emotionen wie Mitfreude und Glück. Manchmal reicht schon ein Lächeln, eine tröstende Geste, eine Hand auf der Schulter, eine kleine Freude, die wir einem anderen Menschen machen. Diese Zeichen des Mitgefühls schlagen Wellen, breiten sich aus und verbinden unsere Herzen. Wenn wir Anteil nehmen, werden wir aktiv. Die Frage des mitfühlenden Herzens lautet daher immer: „Was kann ich tun?" Denn seine Aufgabe besteht darin, Menschlichkeit in die Welt zu tragen. Das ist es, was der große Humanist Albert Schweitzer „tätiges Mitgefühl" nannte.

In dieser Hinsicht war für mich die Begegnung mit dem amerikanischen Zen-Meister Bernard Glassman eine wichtige Inspirationsquelle. Als Initiator vieler sozialer Projekte ist er davon überzeugt, dass wir zu wahrem Mitgefühl nur in der unmittelbaren Begegnung mit dem Leid anderer Menschen finden können. Im Mitgefühl, das die Illusion der Trennung zwischen den Menschen aufhebt, erfahren wir die Einheit des Lebens. Hierfür bedient er sich ungewöhnlicher und durchaus radikaler Methoden: Bei seinen Street-Retreats geht er mit den Teilnehmern auf die Straßen der Großstädte, ohne Geld und nur mit dem, was sie am Leib tragen, um für eine Woche das Schicksal von Obdachlosen zu teilen. Durch die eigene Erfahrung, gänzlich ungeschützt und zum Überleben auf die Hilfe anderer angewiesen zu sein, wächst in den Teilnehmern das Mitgefühl für die Ausgegrenzten unserer Gesellschaft. Nie mehr, so sagen sie hinterher, würden sie gedankenlos an einem obdachlosen Menschen vorübergehen. Wer sich dafür entscheidet, den Ausgegrenzten dieser Welt beizustehen, wird unweigerlich mit viel Leid konfrontiert. Unsere Aufgabe, so erklärt es Bernard Glassman in unserem gemeinsamen Buch *Die revolutionäre Kraft des Mitgefühls*, besteht darin, das Herz zu öffnen und es ganz von diesem Leid durchtränken zu lassen, um es schließlich wieder aus diesem herausfließen zu lassen. Eine tägliche spirituelle Praxis, sei es die Meditation oder das Gebet ebenso wie der Glaube an etwas, das größer ist als wir selbst, unterstützt uns dabei, uns für das Leid zu öffnen, ohne von diesem überwältigt und paralysiert zu werden.

 Fragen Sie sich:

» Was lässt mein Herz vor Mitgefühl erbeben?
» Bin ich bereit, mich dem Leid der Welt zu stellen?
» Was kann ich konkret zur Verbundenheit mit anderen Menschen beitragen?

# Mitgefühl verströmen

Um das eigene Herz zu öffnen und sich in Mitgefühl zu üben, empfiehlt sich die folgende Metta-Übung aus der buddhistischen Geistesschulung: Wenn Sie heute auf den Straßen unterwegs sind, entspannen Sie Ihre Körperhaltung und atmen Sie bewusst Liebe und Mitgefühl in Ihr Herz hinein. Lassen Sie Bilder der Güte und der Liebe in sich entstehen. Es hilft, wenn Sie sich an Situationen erinnern, in denen Sie sich vorbehaltlos geliebt fühlten, wenn Sie an Menschen denken, die Sie lieben, Tiere, die Ihr Herz öffnen, Kinder, die Ihnen Vertrauen entgegenbringen, Ihre Freunde, die Ihnen zur Seite stehen. Erwärmen Sie Ihr Herz an diesen Erinnerungen und Bildern und atmen Sie diese tief in sich hinein. Wünschen Sie sich selbst: „Möge ich mit Herzenswärme erfüllt sein." So wird Ihr Herz zu einem Mittelpunkt der Liebe und Güte. Verweilen Sie in diesem Zustand der Herzenswärme. Nun können Sie die Herzensgüte nach außen strahlen lassen. Nehmen Sie aufmerksam die Menschen wahr, die Ihnen begegnen. Stellen Sie Herzensverbindungen her. Blicken Sie auf Menschen, die offensichtlich unglücklich sind und deren Leid Sie spüren können. Wenn Sie an ihnen vorübergehen, nehmen Sie die subtile Verbindung zwischen Ihrem und deren Herzen wahr, so, als wären Sie mit einer unsichtbaren Schnur miteinander verbunden. Nehmen Sie den Schmerz des anderen mit einem Atemzug mitfühlend in sich auf und senden Sie ihn mit dem Ausatmen als Liebe und Wohlwollen wieder aus. Geben Sie dem Menschen einen inneren Segensspruch mit auf den Weg, vielleicht in Form eines kleinen Gebetes oder als Wunsch: „Mögest du frei sein von Leid!"

Das dankbare Herz

Dankbarkeit ist die Antwort des Herzens auf die Geschenke des Lebens. Ihr liegt die Einsicht zugrunde, dass nichts selbstverständlich ist. „Alles ist Gnade", erkannte der Kirchenlehrer Augustinus, und Zen-Meister Mumon rief aus: „Alles ist gesegnet! Zehntausendfach gesegnet!"

Doch seien wir ehrlich: Meist sind wir weit davon entfernt, dies zu erfahren, und alles andere als offen für die Geschenke, die das Leben uns präsentiert. Wir laufen mit Scheuklappen durch die Lande und sind blind für die Schönheit der Welt. In Gedanken sind wir überall, nur nicht dort, wo wir gerade sind. Wir nehmen die Fürsorge und Zuneigung anderer Menschen als selbstverständlich hin und glauben selbst von den wichtigsten Ressourcen des Lebens, dass wir ein Anrecht darauf hätten: auf sauberes Trinkwasser, sobald wir den Wasserhahn aufdrehen; auf eine warme Wohnung, wenn wir die Heizung einschalten; auf gefüllte Regale, wenn wir einen Supermarkt betreten. Wir vergessen, wie privilegiert wir sind, und dass zahllose Menschen weltweit keinen Zugriff auf diese Güter haben. Anders als noch unsere Eltern und Großeltern, die Zeiten der Entbehrung kannten und denen es auch später nie in den Sinn gekommen wäre, ein Stück Brot wegzuwerfen, mussten wir nie die Erfahrung von Hunger machen. Doch wie können wir Kinder des Wohlstands lernen, für etwas dankbar zu sein, was wir nie entbehren mussten? Wie können wir das wertschätzen lernen, was uns so selbstverständlich geworden ist?

Die Geburtsstunde der Dankbarkeit ist die Achtsamkeit für die vielen kleinen und schönen Dinge des Lebens. Je mehr es uns gelingt, im Hier und Jetzt zu leben, desto besser können wir die Geschenke, die uns das Leben jeden Augenblick bietet, wahrnehmen und auskosten. Wie wäre es also, wenn wir uns wieder vom Leben überraschen und verzaubern ließen? Wenn wir ganz bewusst nach Situationen und Menschen Ausschau hielten, für die wir dankbar sein können? Uns freuten über die vielen kleinen Dinge, die unser Leben täglich bereichern? Nichts und niemanden für selbstverständlich erachteten? Den Menschen Dank sagten, die uns mit ihrer Liebe und Fürsorge begleiten?

Dankbarkeit lernen wir nicht aus Büchern. Dankbarkeit lehrt uns das Leben und lehren uns die Menschen, denen wir auf unserem Lebensweg begegnen. Die dankbarsten Menschen habe ich unter denen gefunden, die am meisten entbehren mussten und deren Leben am schwersten bedroht war. „Es sind die einfachen Dinge im Leben, die das Leben ausmachen. Das ist es, was ich aus dieser Zeit gelernt habe", sagte die Shoah-Überlebende Greta Klingsberg, die ich gemeinsam mit meinem Kollegen Thomas Gonschior in unserem Film *Mut zum Leben* porträtiere.[5] Die Lebensfreude und die Leichtigkeit, die die 85-Jährige heute ausstrahlt, lassen nichts von ihrer schweren Kindheit erahnen. Wer nach Vorbildern der Dankbarkeit Ausschau hält, findet sie bei denen, die das Vertrauen in das Leben auch in schweren Zeiten nicht verloren haben. Bei ihnen habe ich offene und warme Herzen gefunden und großes Mitgefühl mit dem Leid der anderen. So auch bei dem Benediktiner David Steindl-Rast, dem weltweit geschätzten Lehrer der Dankbarkeit, dem ich einige Male begegnen durfte. Dankbarkeit, so erzählte er mir, habe er als Jugendlicher im zerbombten und ausgehungerten Wien des Zweiten Weltkriegs gelernt. Hier, inmitten der Zerstörung und ständig vom Tod bedroht, wurde ihm die einzigartige Kostbarkeit des Lebens bewusst. Diese Kriegsjahre lehrten ihn bereits als jungen Menschen, dass ein erfülltes und intensiv gelebtes Leben die Akzeptanz des Todes voraussetzt. In dieser Zeit reifte auch sein Entschluss, in den Benediktinerorden einzutreten und sich Zeit seines Lebens für den Frieden einzusetzen. In den 1960er-Jahren erhielt er als einer der ersten christlichen Mönche die Gelegenheit, einige Zeit in einem buddhistischen Zen-Kloster zu leben. „Das dankbare Leben ist die große Frucht meiner Begegnung mit dem Buddhismus", meinte Bruder David in unserem Gespräch. Denn hier, so erzählte er, verneigte man sich vor allem, vor jedem Menschen, jeder Tasse Tee, jedem Raum und selbst vor der Latrine. „Die Dankbarkeit ist eine Form spiritueller Praxis, die den Vorzug hat, dass sie sehr schnell Resultate zeigt. Wenn wir uns am Morgen vornehmen, dankbar zu sein für alles, was uns an diesem Tag begegnet, werden wir am Abend bereits spürbar glücklicher sein." Bruder David hat diese Dankbarkeit tief verinnerlicht. Sein Herz steht anderen Menschen so weit offen, dass sich deren Herzen in seiner Gegenwart umgehend mit Wärme und Dankbarkeit erfüllt, wenn sie ihm begegnen. Er selbst ist der Beweis dafür, dass Dankbarkeit der Schlüssel zu einem erfüllten Leben ist.

Dass Dankbarkeit uns zu glücklicheren Menschen macht, bestätigt auch die Positive Psychologie. Deren therapeutischer Ansatz beruht darauf, Menschen darin zu schulen, auf die positiven Ereignisse des Lebens zu blicken und glückliche Erinnerungen ins Blickfeld zu holen. Tatsächlich haben wir immer die

Wahl zu entscheiden, was wir in unserem Leben fördern wollen und wie wir auf unsere Vergangenheit zurückschauen. Richten wir unsere Aufmerksamkeit auf die Dinge, die schmerzhaft waren, oder entscheiden wir uns dafür, auf Ereignisse zu sehen, die uns dankbar stimmen? Können wir unseren Eltern heute dafür danken, dass sie ihr damals Möglichstes getan haben, oder grollen wir ihnen immer noch, weil es für uns nicht genug war?

In einer Welt, in der sich das Negative ständig von selbst aufdrängt, sobald wir nur den Fernseher oder das Radio anschalten, braucht es jede Menge Achtsamkeit und Entschlossenheit, sich auf das Gute und Schöne auszurichten und es nicht aus dem Blick zu verlieren. Hierfür war mir der mittlerweile verstorbene Quantenphysiker Hans-Peter Dürr ein Vorbild. Er reiste bis ins hohe Alter als Friedensbotschafter durch die ganze Welt und wusste durch seine Begegnungen mit Politikern, Umweltaktivisten und Bürgerrechtlern sehr wohl, in welch bedrohtem Zustand sich die Welt befindet. Dies hielt ihn aber keinen Moment davon zurück, auf das Gute im Menschen zu blicken. Wann immer wir uns trafen, erzählte er mir freudestrahlend von seinen positiven Begegnungen mit Menschen und von Entwicklungen, die ihm Anlass zur Hoffnung gaben. Das Lebensmotto, das ihm erklärtermaßen in schwierigen Zeiten Kraft gab, habe ich von ihm übernommen: „Der fallende Baum macht Krach. Der Wald wächst lautlos." Dieses tibetische Sprichwort erinnert uns daran, nicht immerzu wie paralysiert auf die Schreckensnachrichten zu starren und auf die Menschen, die am meisten Lärm schlagen, sondern auf die zahllosen Menschen zu sehen, die tagtäglich in aller Stille dafür sorgen, dass die Welt weiterbesteht.

Die Dankbarkeit führt zum Engagement für andere, denn ein dankbares Herz ist erfüllt und fließt über, es möchte der Welt etwas zurückgeben, weil es sich so reich beschenkt weiß. Wer dankbar ist, verliert seine Ich-Bezogenheit und erkennt seine Abhängigkeit von anderen an. Deswegen ist die Dankbarkeit im modernen Mainstream auch so wenig populär. Wir Kinder des Individualismus wollen doch so gerne glauben, dass wir die Schöpfer unseres Lebens, dass wir unabhängig und frei sind und uns selbst erschaffen können. Dabei übersehen wir, dass wir in unserem täglichen Lebensumfeld radikal abhängig sind von anderen Menschen und der Natur: Unsere Nahrung, die wir jeden Tag im Supermarkt vorfinden, die Luft, die wir atmen, die Bekleidung, die wir tragen, das Wasser, das wir trinken, der Computer, an dem wir arbeiten – all das verdanken wir der Natur und anderen Menschen, die uns damit versorgen.

Um die Menschen in Dankbarkeit zu schulen, veranstaltet der Begründer der Positiven Psychologie, Martin Seligman, zusammen mit seinen Studenten Dankbarkeitsabende. Jeder bringt zu dieser Veranstaltung einen Menschen mit, dem er etwas zu verdanken hat. Dann wird diesem mit einer Rede, einem Gedicht, einem Lied gedankt und deutlich gemacht, wie wichtig er für das eigene Leben ist. Das könnte doch eine Inspiration für uns alle sein, um geliebten Menschen häufiger Dank zu sagen. Oft versäumen wir es und bereuen es später, unseren verstorbenen Eltern und Großeltern zu Lebzeiten nicht genügend gedankt zu haben. Dank sagen kann man aber auch im Nachhinein, also nach ihrem Tod, indem wir ein Bild von ihnen aufhängen, eine Kerze für sie anzünden, ein Gebet sprechen, ans Grab gehen und Blumen niederlegen. Meine Großeltern sind seit vielen Jahren tot, doch immer, wenn ich auf das Foto an meiner Wand blicke, empfinde ich Dankbarkeit für ihre Liebe.

Wie aber kann es uns gelingen, auch für die schwierigen Situationen unseres Lebens dankbar zu sein? Konsequent gelebte Dankbarkeit bedeutet, jede Gelegenheit und alles, was uns begegnet, als Gabe und Geschenk wahrzunehmen. Das schließt die schmerzhaften und leidvollen Momente des Lebens mit ein. Die folgende buddhistische Parabel bringt dies in eindrücklicher Weise zum Ausdruck: „Ein Mann, der über eine Ebene reiste, stieß auf einen Tiger. Er floh, den Tiger hinter sich. Als er an einen Abgrund kam, suchte er Halt an der Wurzel eines wilden Weinstocks und schwang sich über die Kante. Der Tiger beschnupperte ihn von oben. Zitternd schaute der Mann hinab, wo weit unten ein anderer Tiger darauf wartete, ihn zu fressen. Nur der Wein hielt ihn. Zwei Mäuse, eine weiße und eine schwarze, machten sich daran, nach und nach die Weinwurzel durchzubeißen. Der Mann sah eine saftige Erdbeere neben sich. Während er sich mit der einen Hand am Wein festhielt, pflückte er mit der anderen die Erdbeere. Ach, wie süß sie schmeckte!"[6]

Zweifelsohne – dieser Mann war ein Meister der Dankbarkeit. Und diese Parabel lehrt uns viel über unser eigenes Leben, denn auch wir hängen immer über dem Abgrund des Todes. Und die Mäuse knabbern ständig an der Wurzel, an der wir uns festklammern. Was also läge näher, als dankbar nach der Erdbeere zu greifen und sich an deren Geschmack zu erfreuen?

Um uns daran zu erinnern, wie wichtig es ist, diesen Augenblick, in dem sich unser Leben vollzieht, zu ergreifen, wird in vielen Zen-Klöstern der folgende Spruch rezitiert.

Aus tiefstem Herzen sage ich euch allen:
Leben und Tod sind eine ernste Sache.
Alle Dinge vergehen schnell,
und kein Verweilen kennt der Augenblick.
Jeder von euch sei wachsam,
keiner sei nachlässig, keiner vergesslich.

Die Frage ist doch, ob wir bereit sind, auch die schmerzhaften Erfahrungen des Lebens wertzuschätzen. Wenn wir auf unser Leben zurückblicken, so werden wir vielleicht erkennen, dass es gerade die schweren Zeiten waren, die uns am meisten gelehrt haben. Sie waren es, die wichtige Veränderungen in Gang setzten und uns zu dem gemacht haben, was wir heute sind. Schicksalsschläge sind die Wachstumsbausteine unseres Lebens. Häufig braucht es seine Zeit, bis wir dies erkennen können. Der Sinn erschließt sich uns oft erst in der Retrospektive. Zweifellos habe gerade ich gute Gründe, dankbar zu sein: Ich habe nicht nur einen Herzinfarkt überlebt, sondern leide auch an keinen Folgeschäden. Doch es brauchte seine Zeit, bis ich wirkliche Dankbarkeit empfinden konnte. Ich musste dieses überraschende Geschehnis erst einmal verdauen, es in mein Leben einordnen, ihm einen Sinn verleihen und Konsequenzen daraus ziehen. Die Dankbarkeit erfasste mich erst Monate später: Ich saß am Bodensee. Die Sonne schien. Die Wellen plätscherten friedlich ans Ufer. Segelboote zogen vorüber. Kinder lachten in der Ferne. Während ich so da saß und auf den See blickte, erfasste mich urplötzlich eine mächtige Welle der Dankbarkeit. „Ich lebe!", jubilierte mein Herz. Und ich verstand. In diesem Augenblick erschloss sich mir die Bedeutung der Worte von Meister Eckhart: „Wäre das Wort ‚Danke' das einzige Gebet, das du je sprichst, so würde es genügen."

 ## Fragen Sie sich:

» Wofür empfinde ich in meinem Leben Dankbarkeit?
» Wem möchte ich von Herzen Dank sagen oder einen Dankesbrief schreiben?
» Wann hatte ich zuletzt das Gefühl, dass mein Herz vor Freude überfließt?

# Ein Dankbarkeitstagebuch führen

Um diese Momente zu bewahren und im Gedächtnis zu speichern, aber auch, um sich in Dankbarkeit zu schulen und Ihr Leben damit freudvoller zu machen, können Sie sich ein Dankbarkeitstagebuch anlegen, in das Sie jeden Abend mindestens fünf Situationen, Begegnungen und die Menschen eintragen, für die Sie dankbar sind. Blicken Sie mit Dankbarkeit am Ende des Tages auf all die kleinen und großen Geschenke zurück, die Ihnen das Leben gemacht hat: den Sonnenstrahl am Morgen, die ersten Frühlingsblumen, die Freundlichkeit der Frau an der Supermarktkasse, das gemeinsame Essen mit guten Freunden. Lassen Sie hierfür in Gedanken den Tag noch einmal Revue passieren. Es gibt so viele Gelegenheiten, sich im alltäglichen Leben zu freuen. Wir müssen sie nur wahrnehmen und wertschätzen können. Das verändert grundlegend unseren Blick auf die Welt und das Leben. Wir beginnen, all das Gute in unserem Umfeld schätzen zu lernen, das wir bislang gedankenlos und unachtsam hinnahmen. Bald schon werden Sie feststellen können, wie sich in Ihrem Leben mehr Zufriedenheit und Lebensfreude ausbreiten.

III
Heilung aus dem Herzen

Das Herz ausschütten

Und Tränen fließen gar so süß,
erleichtern mir das Herz.

Johann Wolfgang von Goethe

Wir tendieren dazu, der Außenwelt vor allem unsere starke und unverletzliche Seite zu zeigen. Wir wollen erfolgreich, sorglos und unanfechtbar erscheinen und glauben, dass es genau das ist, was uns für andere Menschen interessant und anziehend macht. Wirklich tiefe Bindungen zwischen Menschen entstehen jedoch erst dann, wenn wir ihnen unser Herz öffnen und uns in all unserer Komplexität und damit auch unserer Verletzlichkeit zeigen. Wir alle kämpfen mit Problemen, die auf den ersten Blick sehr unterschiedlich erscheinen. Wenn wir aber genauer hinschauen, stellen wir fest, dass die Probleme anderer den unseren gar nicht so unähnlich sind. Wir haben viel gemeinsam. Und doch versuchen wir oft, unsere Schwierigkeiten vor anderen zu verstecken und die Fassade aufrechtzuerhalten. Der Grund liegt darin, dass wir Angst haben, abgelehnt zu werden, wenn wir uns als die empfindsamen Menschen zeigen, die wir sind. Also tun wir so, als ob wir alles im Griff hätten und keinerlei Hilfe bräuchten. Genau das ist es aber, was uns von den anderen trennt und in die innere Isolation treibt.

Sicherlich haben auch Sie schon die erleichternde und herz-verbindende Erfahrung gemacht, in einer Gruppe von Gleichgesinnten über die eigenen Schwierigkeiten zu sprechen. Sie blickten in mitfühlende Gesichter, trafen auf verständnisvolles Nicken und tröstenden Zuspruch. In dieser Anteilnahme liegt der therapeutische Effekt von Selbsthilfegruppen, Gruppentherapien und den verschiedensten Arten von psychologischen Workshops. Wir teilen unser Leid, das uns das Herz schwer macht, sprechen von den Hoffnungen, die es erfüllen, zeigen unsere Ängste, die ihm die Luft abschnüren, und teilen unsere Freude, die es höher schlagen lässt. Indem wir unser Herz vor anderen ausschütten, kommen wir gemeinsam zu oft überraschenden und neuen Einsichten und Lebenslösungen. Und indem wir der Wahrheit unseres Herzens Ausdruck verleihen, sie zu Gehör bringen und andere Menschen zu Zeugen unseres eigenen Lebens machen, geben wir unserem Leben Bedeutung.

Dass dies nicht nur für unsere seelische, sondern ebenso für unsere körperliche Gesundheit wichtig ist, haben wissenschaftliche Studien nachgewiesen. So ist die liebevolle Unterstützung anderer Menschen neben gesunder Ernährung, viel Bewegung und gelingendem Stressmanagement eine der vier tragenden Säulen der Herztherapie nach Dean Ornish. In seinem Buch *Revolution in der Herztherapie* schildert er die herzöffnende Wirkung der Gruppentherapie: „Die Teilnehmer unserer Studie trafen sich zweimal in der Woche, um über ihre Fortschritte mit dem Heilungsprogramm zu sprechen und alle Probleme zu diskutieren, die sie zur Sprache bringen wollten. Die Gruppentreffen wirkten Wunder, was die Erfahrung von Nähe und Zusammengehörigkeit angeht, denn sie boten den Teilnehmern die Gelegenheit, ihre Barrieren abzubauen und ihre Gefühle offen auszudrücken."

Auch die Einzelarbeit mit einem einfühlsamen Psychotherapeuten ist eine gute Möglichkeit, unterdrückte und lang verdrängte Gefühle hervorzuholen, anzuschauen und ins Bewusstsein zu integrieren. Das verständnisvolle Zuhören eines anderen Menschen trägt entscheidend dazu bei, die innere Isolation zu überwinden – und damit auch die Trennung vom eigenen Herzen und den Herzen anderer Menschen.

Der heilende Effekt von guten Freunden kann in diesem Zusammenhang gar nicht hoch genug eingeschätzt werden. Freunde tragen nicht nur entscheidend zu unserem Lebensglück, sondern auch zu unserer Gesundheit bei. Medizinische Forschungen belegen, dass Freunde heilsam für unser Herz und unser körperliches Wohlbefinden sind. Ihre Präsenz in unserem Leben gilt als eines der besten Heilmittel gegen Sorgen und Schmerzen.[7] Wer den Wert der Freundschaft bis dahin noch nicht in seiner ganzen Tragweite erkannt hatte, wird ihn spätestens in einer Lebenskrise oder schweren Krankheit erkennen. „Freundschaft verdoppelt unsere Freude und halbiert unseren Schmerz", schrieb der Philosoph Cicero treffend. Guten Freunden können wir unser Herz ausschütten und uns ungeschminkt zeigen, ohne Angst haben zu müssen, abgelehnt oder verlassen zu werden. Mit ihnen können wir alles teilen, was uns schwer auf dem Herzen liegt. Sie stehen zu uns in guten und in schlechten Zeiten, gehen mit uns durch dick und dünn, lachen und weinen mit uns über die Freuden und Kümmernisse des Lebens. Bei unseren Freunden finden wir ein offenes Ohr, sie hüten unsere Geheimnisse und weichen in schweren Zeiten nicht von unserer Seite. Sie sind Balsam für die Wunden, die das Leben uns schlägt, und sie ermutigen und unterstützen uns, neue Wege zu gehen und Herausforderungen anzunehmen.

Der Mystiker Franz von Sales erblickte in der Herzlichkeit das Wesen der Freundschaft. Denn die Freundschaft wurzelt im Herzen. Lassen Sie daher Ihr Herz in der Freundschaft sprechen, setzen Sie Zeichen der Herzlichkeit, seien Sie fürsorglich und wertschätzend Ihren Freunden gegenüber. Großherzigkeit und Warmherzigkeit zeichnen gute Freundschaften aus.

Wir können unser Herz auch auf kreative Art und Weise ausschütten: Singen, tanzen, malen oder schreiben Sie sich das Schwere vom Herzen. Alles, was einmal ausgedrückt wurde, sei es mündlich oder schriftlich, sei es in einem Gemälde, einem Lied, einem Tanz oder einem Gedicht, liegt uns nicht mehr so schwer auf dem Herzen. Wann immer Sie das Gefühl haben, von bedrückenden Gefühlen und Gedanken bedrängt zu werden, nehmen Sie sich ein Notizbuch oder einen Zettel zur Hand und schreiben Sie ohne nachzudenken alles nieder, was Ihnen dazu in den Sinn kommt. Dies ist eine sehr wirksame Form, sein Herz auszuschütten. „Veräußern" nennt die Psychologie diese Methode der Distanzierung. Sobald ein Problem in geschriebener Form vor uns liegt, fühlt sich unser Herz bereits spürbar davon entlastet. Und indem wir unseren verstockten und blockierten Gefühlen die Gelegenheit geben, ungehindert zu fließen, bringen wir unser Leben wieder in den Fluss.

 ## Fragen Sie sich:

» Wer steht zu mir in guten und in schlechten Zeiten?
» Wer sind die Menschen in meinem Leben, denen ich mein Herz vertrauensvoll ausschütten kann?
» Gibt es eine Gruppe von Gleichgesinnten, die mich bei der „Öffnung des Herzens" unterstützen kann?

 ## Die Klagemauer – Das Herz ausschütten

Diese Übung empfiehlt die Traumatherapeutin Luise Reddemann, um das Herz von schmerzhaften Gefühlen zu befreien.

Gehen Sie dazu an einen ungestörten Ort, wo Sie möglichst niemand hören kann. Nehmen Sie dann Kontakt mit Ihrem Herzen auf. Schauen und spüren Sie genau hin, welcher Schmerz sich zeigen möchte. Wenn Sie ihn nicht sehen oder spüren können, dann erinnern Sie sich an eine schmerzhafte Situation in Ihrem Leben. Blicken Sie auf etwas, das Sie die ganze Zeit verdrängt haben, um im Alltag funktionieren zu können. Geben Sie diesem unterdrückten Gefühl nun den Raum, sich zu zeigen. Machen Sie sich bereit, alle damit verbundenen Emotionen fließen zu lassen. Gestatten Sie sich, kräftig und ausgiebig zu jammern und zu klagen. Sie müssen nicht immer stark und stoisch sein. Weinen Sie, schreien Sie, wehklagen Sie nach Herzenslust! Vielleicht wählen Sie eine Wand, der Sie alles anvertrauen wollen, ähnlich der Klagemauer in Jerusalem. Nehmen Sie sich so viel Zeit, wie Sie brauchen. Sie werden feststellen: Nachdem Sie sich ausgiebig ausgeklagt haben, sind Sie frei von altem Ballast und offen für Neues.

Dem Schmerz im Herzen Raum geben

Brich auf, solange du kannst,
zum Land deines Herzens.

Maulana Rumi

Unser Herz ist nicht nur die Heimat der Liebe, in der wir die glücklichsten Momente unseres Lebens aufbewahren, es ist zugleich auch der Ort unserer frühesten Verletzungen und schwersten Kränkungen. Gerade diejenigen unter uns, die bereits als Kind die Erfahrung machen mussten, dass Fühlen mit Schmerz verbunden ist, sahen sich oft dazu genötigt, ihr empfindsames Herz schon früh zu verbarrikadieren. Damit aber schützten sie sich nicht nur vor schmerzhaften Gefühlen, sondern trennten sich unwissentlich auch von der Intensität glücksversprechender Gefühle. Je mehr Verletzungen sie auf ihrem weiteren Lebensweg erfahren haben, desto schwieriger wird es, zu diesen elementaren Gefühlen vorzudringen. Die Unfähigkeit, in Kontakt mit den eigenen Gefühlen zu kommen, ist dann auch der Grund, weshalb das Mitgefühl für andere blockiert ist. Wer hartherzig zu anderen ist, lebt meist von den eigenen Gefühlen getrennt.

Zweifelsohne erfordert es Mut, ins eigene Herz zu blicken und sich dem zu stellen, was wir darin vorfinden. Sobald wir unser Herz öffnen, öffnen wir uns auch dem Schmerz, der darin beheimatet ist. Und wir machen uns bereit, genau das zu fühlen, was wir bislang verdrängt, weggesteckt und weggeschlossen haben: die Angst, die Hilflosigkeit, die Traurigkeit, die Scham und die Verzweiflung, die sich tief in unser Herz eingegraben haben. Wir machen uns bereit, den damit verbundenen Schmerz anzusehen, ihn zuzulassen und in unser Leben zu integrieren. Alle Gefühle wollen gefühlt, gewürdigt und angenommen werden. Wir aber wollen meist wählen: Während wir von den angenehmen Gefühlen gar nicht genug bekommen können und sie festhalten wollen, damit sie bei uns bleiben und uns nicht verlassen, möchten wir die schmerzhaften und unangenehmen am liebsten ganz aus unserem Leben verbannen. Oft versuchen wir, sie zu überspielen und zu bagatellisieren – und vergrößern unseren Schmerz dadurch nur noch.

Auf dem Weg des Herzens geht es darum, all diese Gefühle aus der Verbannung zu erlösen. Das beinhaltet, auch die verdrängten Schattengefühle und ungeliebten Persönlichkeitsanteile zu integrieren, die wir so tief wie möglich in uns vergraben haben und die genau deshalb unser Leben überschatten. Solange wir sie ignorieren und unter Verschluss halten, müssen wir auch unser Herz verschlossen halten aus Angst, sie könnten ans Tageslicht kommen. Solange aber unser Herz verschlossen ist, erhalten wir keinen Zugang zur Intensität und Tiefe des Lebens. Erst wenn wir uns bereit machen, den Schmerz in seiner ganzen Dimension zu spüren und anzunehmen, wandelt er sich. Jeder von uns kennt diesen erlösenden Moment, wenn wir ausgiebig getrauert haben über das, was wir verloren haben, wenn wir den Schmerz über die Zurückweisung und den Zorn über die Demütigung zugelassen haben. Worum es geht, ist, den Schmerz heimzuholen ins eigene Herz, denn genau hier ist der Ort, an dem er durch liebevolle Annahme verwandelt werden kann. Wenn wir ihm gestatten zu sein, wenn wir uns ihm fürsorglich und sanft zuwenden, ihn achtsam wahrnehmen und bereit sind, ihn fließen zu lassen, bis unser Herz ganz davon durchtränkt und aufgeweicht ist, dann kann der Schmerz zum Katalysator werden und einen Entwicklungsprozess einleiten, der zu einer tief greifenden Transformation und Heilung führt.

Doch das ist alles leichter gesagt als getan. Oft wurden wir bereits als Kind mit schmerzhaften und bedrohlichen Gefühlen wie Angst und Traurigkeit alleingelassen. Und so versuchen wir bis heute, uns vor dem Schmerz zu schützen und der Angst zu entfliehen. Wir fürchten die Macht ungebändigter Gefühle und bevorzugen es, reibungslos im Alltag zu funktionieren. Manchmal ignorieren wir diese Gefühle auch bewusst, um nicht in Konflikt mit geliebten Menschen zu geraten. Doch je häufiger wir dies tun, desto mehr geht uns der unmittelbare Kontakt zum eigenen Herzen verloren. All unsere Versuche, den Schmerz zu unterdrücken, sind auf Dauer ebenso vergeblich wie der Versuch, einen Ball unter Wasser halten zu wollen. Irgendwann springt er doch empor – und uns mitten ins Gesicht. Auf Dauer können wir unser Herz nicht zum Schweigen bringen. In irgendeiner Form manifestieren sich ungehörte Gefühle immer, sei es, dass sich die unterdrückte Wut selbstzerstörerisch gegen uns richtet, die ungelebte Trauer sich in eine schleichende Depression verwandelt, die verleugnete Angst sich in diffusen körperlichen Schmerzen ausdrückt. Wenn Gefühle blockiert werden, suchen sie sich neue Ausdrucksformen, nehmen in körperlichen Symptomen Gestalt an, schnüren unser Herz zusammen und führen mitunter zu ernsthaften Herzproblemen.

Anstatt unsere Kraft also für solch ein sinnloses Unterfangen zu verausgaben, sollten wir sie vielmehr nutzen, uns den Verletzungen zu stellen. Darin liegen Entwicklung und Wachstum. Alles andere macht uns nur kleiner, als wir sind. Darauf wies der Weise Khalil Gibran mit seinen Worten hin: „Die Stärke, die das Herz vor Verletzungen bewahrt, hindert es auch daran, seine wahre Größe zu erreichen."

Worum es geht, ist, anzuerkennen, dass die Traurigkeit ein ebenso wichtiger Wegbegleiter des Lebens ist wie die Freude. Das bedeutet, die schmerzhaften Gefühle nicht länger aus unserem Leben hinausdrängen zu wollen, sondern ihnen ganz im Gegenteil einen Raum im eigenen Herzen zu bereiten. Dann können sie sich in etwas Positives verwandeln. Das macht der Benediktiner David Steindl-Rast unmissverständlich deutlich: „Es ist mein eigenes Herz, in dem ich Angst, Unruhe, Kälte, Abneigung und Regungen von blinder Wut erkennen muss. Hier in meinem Herzen kann ich Furcht in mutiges Vertrauen, Unruhe und Verwirrung in Stille, Abgetrenntheit in ein Gefühl der Zugehörigkeit, Abneigung in Liebe verwandeln."

 ## Fragen Sie sich:

» Welche Gefühle sind mir unangenehm?
» Welcher Schmerz in mir sehnt sich nach Heilung?
» Wo in meinem Körper spüre ich den Schmerz?

 ## Körperzentrierte Herzensarbeit: Annahme von schmerzhaften Gefühlen[8]

Ziehen Sie sich an einen ruhigen und geborgenen Ort zurück. Als ersten Schritt nehmen Sie sich die Zeit, sich Ihrem derzeitigen Problem zuzuwenden. Lassen Sie vor Ihrem inneren Auge eine Situation auftauchen, in der sich dieses Problem als Ärger, Verletzung, Traurigkeit, Angst oder ein anderes schwieriges Gefühl zeigte. Imaginieren Sie diese Situation so deutlich wie möglich und stoppen Sie dann die Erinnerung an dem kritischsten Punkt.

Der zweite Schritt besteht darin, Ihre Aufmerksamkeit auf
Ihren Körper zu lenken und wahrzunehmen, wie er bei der
Erinnerung an diese schmerzvolle Situation reagiert. Wan-
dern Sie mit Ihrer Aufmerksamkeit durch Ihren Körper und
spüren Sie hin, wo etwas verspannt ist, wehtut, verkrampft
ist. Welche Körperregion reagiert besonders auf diese Erinnerung? Bleiben Sie mit Ihrer Aufmerksamkeit in der be-
treffenden Körperregion anwesend und nehmen Sie ganz
bewusst wahr, was dort geschieht und wie es sich von innen
anfühlt. Ihr Gefühl zeigt sich Ihnen als körperlicher Zustand. Erleben Sie diesen ganz bewusst.

Im nächsten Schritt geht es darum, die Emotion aufzuspü-
ren und wahrzunehmen, die sich hinter der körperlichen
Reaktion verbirgt. Fragen Sie sich: Was fühle ich unter diesem körperlichen Schmerz oder Unwohlsein? Wie fühle ich
mich wirklich hier drinnen? Mag sein, dass es etwas dauert
und dass Sie öfters fragen müssen, doch schließlich wird sich
Ihnen das Gefühl offenbaren oder als Bild zeigen. Wenn Sie
das Gefühl aufgespürt haben, das sich in Ihrem Körper ma-
nifestiert hat, schenken Sie ihm all Ihre Aufmerksamkeit.
Nehmen Sie es wahr und atmen Sie es tief ein und aus. Auch
wenn eine Emotion in Ihnen auftaucht, die Sie aufgrund
ihrer Heftigkeit erschreckt, seien es Hass, Neid oder Zorn,
so bleiben Sie einfach dabei: wahrnehmen und atmen. Lernen Sie das Gefühl kennen – was auch immer es ist.

Der nächste Schritt führt Sie direkt zum Herzen. Vielleicht
hat es sich inzwischen schon von selbst geöffnet, um das
verstoßene Gefühl in sich aufzunehmen. Vielleicht aber
braucht es noch Ihre Unterstützung. Sagen Sie sich: Ich
öffne mein Herz diesem Gefühl. Erbarmen Sie sich dieses
Gefühls, bringen Sie ihm Verständnis entgegen, haben Sie
Mitgefühl mit sich selbst und bringen Sie sich Selbstliebe
entgegen. Das stellt sich gerade dann als schwierig dar,

wenn wir das Gefühl an sich ablehnen und ihm Widerstand entgegenbringen. Manche Gefühle wie Angst, Hass und Neid sind uns unangenehm. Nehmen Sie den Widerstand zur Kenntnis, wenden Sie sich ihm zu und nehmen Sie auch ihn in Ihr Herz hinein. Da das Gefühl und der Widerstand auf das Engste miteinander verbunden sind, unterstützt die Akzeptanz des Widerstands die Annahme des abgelehnten Gefühls.

Fragen Sie das Gefühl zum Abschluss: Was brauchst du in Zukunft von mir? Hören Sie genau hin, was Ihnen dieses Gefühl sagen möchte. Bleiben Sie noch einige Minuten in Stille und im Herzen gesammelt sitzen.

Vergeben – der Weg der Herzheilung

Höher vermag sich niemand zu heben,
als wenn er vergibt.

Johann Wolfgang von Goethe

Wir alle erfahren auf unserem Lebensweg Kränkungen und Verletzungen. Das ist schmerzhaft, besonders dann, wenn dies durch einen Menschen geschieht, der uns nahe steht. Unser Leben gerät aus dem Gleichgewicht. Zorn, Traurigkeit und Hilflosigkeit machen sich in uns breit. Unsere Gedanken kreisen um das erlittene Unrecht und kommen nicht los von dem Menschen, der uns verletzt hat. Der Schmerz darüber gräbt sich bitter in unser Herz. Oft tragen wir lange und schwer an dem Groll und machen den anderen für das Unglück verantwortlich, das uns daraus erwächst. Wir mutmaßen: Wenn mir dies damals nicht geschehen wäre, könnte ich heute glücklich sein. Indem wir einem anderen etwas nachtragen, tragen wir selbst jedoch am schwersten daran. Die Unfähigkeit zu verzeihen bindet uns nicht nur an den, der uns etwas angetan hat, sondern auch an die Vergangenheit und überschattet unsere Gegenwart.

Vergebung ist daher immer und zuallererst eine Entscheidung für das eigene Lebensglück. Wir vergeben um unserer selbst willen. Wir lassen die Vergangenheit los und den anderen in Frieden ziehen. Indem wir vergeben, verabschieden wir uns vom Opferstatus, übernehmen die Verantwortung für das eigene Leben und machen uns bereit für einen Neubeginn. Keine Frage – Vergeben ist ein Kraftakt. Es erfordert all unseren Mut und unsere ganze Entschlossenheit. Nicht von ungefähr rät die Bhagavad Gita, die Heilige Schrift des Hinduismus: „Wenn du Tapferkeit suchst, dann schau auf Menschen, die verzeihen können."

Der erste Schritt zur Vergebung führt in die Höhle des eigenen Herzens, an den Ort, wo sich der Groll zusammengeballt hat. Nein, das ist ganz sicher kein schöner Ort. Doch der Weg der Vergebung führt mitten hindurch durch Bitterkeit, Wut und Schmerz, denn genau darunter liegen unsere zarten und kostbarsten Gefühle begraben: Liebe und Vertrauen. „Wende dich nicht ab, halte den Blick auf die wunde Stelle gerichtet, denn dort tritt das Licht ein", rät uns deshalb der Liebesmystiker Rumi. Wenn wir beherzt genug graben und uns nicht fürchten vor dem, was wir dabei zutage fördern, können wir den verborgenen Schatz heben und zurückfinden zur ursprünglichen Zartheit unseres Herzens. Dazu ist die Annahme des Schmerzes unabdingbar. Bringen Sie sich selbst Mitgefühl entgegen. Sprechen Sie sich Trost zu und nehmen Sie den verletzten Teil in sich sanft in die Arme. Gestatten Sie sich, traurig zu sein. So erhalten Sie Zugang zu der Reinheit der Liebe, die unter allen Verletzungen zu finden ist. Vergebung stellt die Unschuld unseres Herzens wieder her. Sie gibt uns die Freiheit zu lieben zurück.

Sehr wichtig und unterstützend in diesem Heilungsprozess des Herzens sind Menschen, die bereit sind, uns zuzuhören und unseren Schmerz zu teilen, die uns trösten und bei denen wir uns geborgen fühlen. Wir alle brauchen auf diesem Weg jemanden, der uns sagt: „Ja, das war schlimm, und ich kann verstehen, dass du verletzt bist." Dann nämlich können wir den nächsten Schritt wagen: die Empathie des Herzens zu aktivieren. Sie ist der Schlüssel zur Vergebung, denn sie ermöglicht es, die Pers-

pektive zu wechseln und sich in die Situation des anderen ein-
zufühlen. Wenn wir auch nur einen Hauch von Verständnis
aufbringen können, öffnet sich bereits ein Tor zum anderen.
Gefühle fließen und sind nicht länger in uns gebunden. Versuchen Sie sich zu erinnern: Welche positiven Eigenschaften hat
dieser Mensch? Was hat er anderen Menschen Gutes getan?
Hat er vielleicht auch Ihnen Gutes getan? Jeder Mensch trägt
einen göttlichen Funken in seinem Herzen, lehren uns die
Mystiker aller Religionen. Suchen Sie danach! Manchmal mag
dieser Funke kaum spürbar sein, doch vertrauen Sie darauf, dass
er vorhanden ist. Versuchen Sie, die Handlung vom Handeln-
den zu trennen. Das ermöglicht es Ihnen, die Tat an sich zu
verurteilen, ohne damit den Menschen zu verdammen.

Verzeihen fordert von uns nicht mehr und nicht weniger, als
die Hoffnung auf eine bessere Vergangenheit ein für alle Mal
aufzugeben. Was geschehen ist, ist geschehen. Es lässt sich
nicht mehr rückgängig machen, so sehr wir uns dies auch wünschen. Ja, wir verdienen Gerechtigkeit. Und das Eingeständnis,
dass uns Unrecht getan und Leid zugefügt wurde. Wir haben
aber nicht immer das Glück, dass derjenige, der dieses Leid
verursacht hat, seine Schuld eingesteht. Oft liegt die Kränkung
schon viele Jahre zurück, mitunter ist der Betreffende gar nicht
mehr am Leben. Was helfen kann, ist, sich einen Stellvertreter
zu suchen, der einem sagt: „Ja, dir ist Unrecht zugefügt worden. Es tut mir leid." Diese Worte aus dem Mund eines anderen
Menschen zu hören, wird als sehr tröstend und heilend erlebt.
Manche Menschen haben darauf ihr ganzes Leben lang gewar-
tet. Genau darin liegt das erlösende Moment in therapeutischen Familienaufstellungen.

Wir selbst tragen den Schlüssel zur Vergebung in der Hand.
Vergebung ist ein Akt der Stärke. Und ein Akt der Liebe. Sie
befreit den, der sie gibt, und den, der sie empfängt. Vergebung
macht Beziehung möglich.

Wer einen spirituellen oder religiösen Hintergrund hat, findet vielleicht leichter zur Vergebung, da die Beziehung von Ich und Du um eine dritte Dimension erweitert wird: das, was der Religionsphilosoph Martin Buber das „Ewige Du" nannte. Es ist dieses dritte Element, das die verwandelnde Kraft der Transformation in sich birgt. Der Mensch weiß sich eingebunden und verbunden mit etwas, das weit größer ist als sein begrenztes Ich. In der Beziehung zum Ewigen liegt das Mysterium, der Akt der Gnade, der das Herz öffnet und Verzeihen möglich macht. Barmherzigkeit wird dies in der christlichen Tradition genannt. Sie gewährt uns die Möglichkeit, unsere Mitmenschen einen Moment lang mit dem Auge des Göttlichen zu sehen. Und trägt damit das Potenzial in sich, Hass, Wut und Schmerz in Mitgefühl, Erbarmen und letztlich Liebe zu transformieren.

 ## Fragen Sie sich:

» Gibt es einen unerlösten Groll in meinem Herzen?
» Wem habe ich bis heute noch nicht vergeben?
» Wer kann mich auf dem Weg der Herzheilung unterstützen?

 ## Ritual: Vergeben

Dieses von dem Benediktiner Willigis Jäger empfohlene Ritual unterstützt Sie darin, erlittene Kränkungen und Verletzungen abzuschließen.[9]
Ziehen Sie sich dazu mit einem Notizblock und Stift an einen ungestörten Ort zurück. Entzünden Sie eine Kerze. Zentrieren Sie sich und sammeln Sie Ihre innere Kraft. Atmen Sie einige Male tief und bewusst in Ihr Herz hinein. Lassen Sie nun Ihre Gedanken zurückwandern in die Situa-

tion, in der Sie verletzt wurden und mit der Sie in diesem Ritual abschließen möchten. Spüren Sie bewusst in den Schmerz hinein, lassen Sie alles in sich aufsteigen, was Ihnen dazu an inneren Bildern und Gefühlen in den Sinn kommt. Gestatten Sie sich, alles zu denken und zu fühlen. Und schreiben Sie sich all das, was in Ihnen aufsteigt, vom Herzen: den Zorn, die Verletzung, die Rachegedanken, die in Ihnen schlummern. Tun Sie dies so lange, bis Ihnen nichts mehr einfällt, bis sich all Ihr Kummer und Groll auf das Papier ergossen haben. Legen Sie dann das Geschriebene zur Seite und zentrieren Sie sich für einige Atemzüge.

Der Übung liegt das Wissen zugrunde, dass das, was wir einmal niedergeschrieben haben, an Macht über uns verliert. Unsere Gedanken kreisen nicht länger darum. Es empfiehlt sich, das Geschriebene anschließend an einem geeigneten Ort in der Natur oder einem feuerfesten Gefäß in der Wohnung zu verbrennen. Damit besiegeln Sie, dass Sie das Vergangene zu einem Abschluss gebracht haben. Sie bekunden damit Ihren Entschluss zur Aussöhnung mit dem, was geschehen ist. Vielleicht werden Sie dazu das Ritual noch einige Male wiederholen, bis Sie schließlich spüren, dass der Groll aus Ihrem Herzen gewichen ist und einem neuen Vertrauen in das Leben Platz gemacht hat.

Das empfindsame Herz schützen

Nicht, was wir erleben,
sondern wie wir empfinden,
was wir erleben,
macht unser Schicksal aus.

Marie von Ebner-Eschenbach

Wie war es mir möglich gewesen, die Signale meines Herzens so lange zu überhören? Weshalb tat ich seine immer wiederkehrenden Schmerzen schulterzuckend ab? So viel meiner Arbeit war doch im Bereich der „Herzensbildung" angesiedelt. Ich verfügte über langjährige Erfahrungen in der Achtsamkeitspraxis und bin geübt darin, körperliche und seelische Empfindungen wahrzunehmen. Seit vielen Jahren schreibe und forsche ich über spirituelle und psychologische Themen. Weshalb also war ich nicht achtsamer und rücksichtsvoller mit meinem eigenen Herzen umgegangen? Weshalb behandelte ich es wie ein ungezogenes Kind und strafte es mit Ignoranz? Hatte dies vielleicht mit Erfahrungen aus meiner eigenen Kindheit zu tun? Mit einem Muster, das ich mir aus Gründen des Selbstschutzes schon frühzeitig antrainiert hatte? Mit Glaubenssätzen von Stärke, die ich verinnerlicht hatte? Kurzum: Lag die Ursache meiner mangelnden Sensibilität mir selbst gegenüber vielleicht gerade in meiner Empfindsamkeit begründet?

„Das Kind nimmt sich immer alles so zu Herzen", hörte ich in meiner Kindheit oft. Und ja, so fühlte es sich auch an. Es war mir, als hätte mein Herz keine Schutzhülle, als wäre es offen und völlig ungeschützt. Alles, was ich sah und erlebte, ging mir unmittelbar unter die Herzhaut. Meine Eltern brachten mich wegen diffuser Herzschmerzen wiederholt zu Ärzten, die aber keine organischen Ursachen fanden. „Das Kind bildet sich das ein", hieß es. Eine Annahme, die ich verinnerlichte und schließlich gegen mich selbst richtete. „Was bildest du dir da schon wieder ein?", fragte ich mich später oft genervt. Früher galten empfindsame Kinder als empfindlich und damit als schwierig, da sie nicht so funktionierten, wie Kinder zu funktionieren hatten. Besonderen Schutz genossen sie nicht. Es wurde von ihnen erwartet, sich durchzuschlagen. Die Aufforderung an sie lautete: Stell dich nicht so an! Sei stark! Sie verstanden schnell, dass Empfindsamkeit als Schwäche galt. Also entschloss ich mich, stark zu sein. Ich suchte Mutproben, um meine Stärke unter Beweis zu stellen, und trainierte mir an, Schmerzen stoisch wegzustecken. Dies sind Schutzmechanismen, die jedoch unglücklicherweise dazu führen, dass sich Menschen selbst den Zugang zu ihrem kostbarsten Gut – ihrem empfindsamen Herzen – verbauen, um den Schmerz nicht mehr fühlen zu müssen. Vergebliche Versuche übrigens, denn das blockierte Herz generiert neue und letztlich viel gefährlichere Schmerzen.

Vielleicht gehören Sie zu den Menschen, die schon als Kind zu hören bekamen: „Sei doch nicht immer so empfindlich!" Vielleicht sehen Sie sich heute noch in Ihren Beziehungen und Freundschaften dem Vorwurf ausgesetzt, sich alles zu sehr zu Herzen zu nehmen. Es ist eine Erfahrung, die viele Menschen mit einem empfindsamen Herzen machen. Wer die Umwelt mit ihren Reizen und das eigene Erleben und innere Empfindungen intensiv mit dem Herzen wahrnimmt, der fühlt sich mitunter überfordert. Das verstärkt das Gefühl, irgendwie „nicht richtig" zu sein, nicht so zu funktionieren, wie die Umwelt es von einem erwartet. Und es führt dazu, dass sich Menschen Zeit ihres Lebens für ihre Empfindsamkeit schämen, sie als einen Makel verbuchen, als eine Schwäche, die es zu überwinden gilt. Sie verdrängen ihre Gefühle, ignorieren Schmerzen, um den eigenen Ansprüchen und denen der anderen gerecht zu werden. Sie tun so, als ob alles in Ordnung sei, um nicht immer wieder dem Vorwurf ausgesetzt zu sein, anders zu ticken. Wer will denn schon als Schwächling gelten? Solche Urteile werden als ein Angriff auf den eigenen Wesenskern erlebt. Kinder haben nicht viele Möglichkeiten, darauf zu reagieren. Entweder entscheiden sie sich dafür, sich noch weiter in sich selbst zurückzuziehen und von der Umwelt abzukapseln, oder sie beschließen, sich anzupassen, um nicht länger aufzufallen. Ersteres vergrößert die Einsamkeit und Isolation. Der Preis für Letzteres ist ebenfalls hoch: Der Kontakt zum eigenen Herzen reißt ab. Und damit auch die Fähigkeit, auf sich selbst zu achten und Grenzen setzen zu können.

Dieses bereits in früher Kindheit antrainierte Verhalten sich selbst gegenüber geht einem so in Fleisch und Blut über, dass es schließlich gar nicht mehr kritisch reflektiert werden kann. Die Betroffenen selbst erleben es als normal. Dass ein Herz, dessen Signale nicht gehört werden, schließlich dicht macht und die Notbremse zieht, ist nicht verwunderlich. Doch ich selbst hätte nie geglaubt, dass mein Herz eines Tages Ernst machen würde.

Heute weiß ich: Ein empfindsames Herz braucht viel Aufmerksamkeit, Schutz und Geduld. Und es verdient unsere Wertschätzung. Ein empfindsames Herz ist ein großes Geschenk, eine Gabe, die es uns ermöglicht, das Leben intensiv wahrzunehmen. Übernehmen Sie daher die Verantwortung für Ihr Herz und nehmen Sie seine Signale ernst. Zart besaitete Menschen nehmen mehr wahr als andere, sie spüren unausgesprochene Gefühle, Schwingungen und Verstimmungen wie ein Seismograf auf, und ihr Herz reagiert darauf. Da sie auf dieser Ebene ständig so viel wahrnehmen und verarbeiten müssen, brauchen sie mitunter mehr Ruhe und Rückzugsmöglichkeiten als andere. Weniger empfindsame Menschen erleben dies manchmal als eigenbrötlerisch oder ungesellig. Gestatten Sie sich, so zu sein, wie Sie sind. Das heißt es, Verantwortung für sich selbst und seinen Körper zu übernehmen, seine Signale ernst zu nehmen und danach zu handeln. Das schließt ein, sich selbst Fürsorge und Nachsicht entgegenzubringen, nicht so streng mit sich selbst zu sein. Alte Verletzungen zu heilen und Glaubenssätze, stark und perfekt sein zu wollen, abzulegen. Wahrzunehmen, wann Sie sich im Getümmel der Welt wohlfühlen und wann Sie sich zurückziehen und schützen müssen. All dies ist nur möglich, wenn Sie in intensivem Kontakt mit Ihrem Herzen sind und seine Botschaften ernst nehmen. Stehen Sie selbstbewusst zur eigenen Empfindsamkeit. Sie ist nichts, wofür Sie sich schämen müssten. Sie ist ganz im Gegenteil von hoher Qualität und für die Welt von großem Nutzen. Empfindsame Herzen speisen Wärme und Anteilnahme und ein hohes Maß an Empathie und Mitgefühl in ihre Umwelt ein. Machen Sie sich bewusst, dass Ihr pulsierendes, liebevolles Herz ein Geschenk für die Menschheit ist, dass Ihre Sensibilität in der Welt gebraucht wird und Ihre Menschlichkeit diese zu einem besseren Ort macht. Denn was wäre die Welt ohne die empathischen Herzen? Was wäre sie ohne all die empfindsamen Dichter, Musiker und Maler? Wie viele herzbewegende Gedichte, große Romane der Weltliteratur, farbenprächtige Gemälde und ergreifende Symphonien hätten ohne sie niemals das Licht der Welt erblickt?

 **Fragen Sie sich:**

» In welchen Situationen fühle ich mich ungeschützt?
» Was erschöpft mich?
» Was tut mir gut?

 ## Schreibarbeit: Mein Herz, mein Herz, was möchtest du mir sagen?

Wenn Sie das Gefühl haben, dass der Kontakt zu Ihrem Herzen unterbrochen ist und Sie diesen wiederherstellen und intensivieren möchten, dann ist dies die richtige Übung für Sie. Denn damit können Sie bereits am Morgen den Kontakt zu Ihrem Herzen suchen und seine Bedürfnisse erfragen. Ihr Herz fühlt sich von Ihnen gesehen und gehört und wird mit Ihnen in Resonanz gehen. Damit können Sie verhindern, dass Sie die Botschaft Ihres Herzens und seine möglichen Alarmsignale überhören.

Nehmen Sie als erstes Kontakt mit Ihrem Herzen auf. Legen Sie dafür Ihre Hände auf den Brustbereich. Sammeln Sie mit dieser Geste Ihre Energie im Herzen. Rufen Sie dann Ihr Herz bei seinem Namen und bitten Sie darum, dass es mit Ihnen spricht: „Mein Herz, mein Herz! Was möchtest du mir sagen?" Das Herz kann nur dann zu Ihnen sprechen, wenn Sie die Verbindung herstellen, den Kanal öffnen und es aufrichtig befragen. Es wartet nur auf diese Gelegenheit, sich zu Wort melden zu dürfen. Hören Sie genau hin, was es Ihnen zu sagen hat. Schreiben Sie anschließend alles auf, was Sie erfahren haben. Vielleicht legen Sie für diese Übung ein eigenes Herztagebuch an, dessen Anblick sie bereits daran erinnert, die Verbindung mit Ihrem Herzen zu aktivieren.

Schutz visualisieren und aktivieren

Stellen Sie sich für diese Übung mit beiden Beinen fest verankert auf den Boden. Spüren Sie die Kraft, die Ihnen durch die Verbindung mit der Erde erwächst. Nehmen Sie Ihre Fußsohlen wahr und stellen Sie sich vor, wie von hier aus Wurzeln tief in die Erde hineinreichen und wie Sie Kraft aus dem Boden ziehen, die Ihren ganzen Körper durchströmt und stabilisiert. Gerade für empfindsame Menschen ist es wichtig, gut geerdet zu sein, sich stabil in der Welt zu verorten, um nicht zu schnell von Gefühlen und Empfindungen davongetragen und „umgeweht" zu werden.

Wenn Sie sich gut geerdet fühlen, können Sie nun die folgende kleine Schutzmeditation durchführen, zu der spirituelle Lehrer verschiedener Traditionen raten, da sie sehr wirksam und einfach auszuführen ist. Visualisieren Sie dazu einen goldenen Kreis auf dem Boden um Sie herum. Stellen Sie sich nun vor, wie aus diesem goldenen Kreis eine energetische Lichtspirale emporsteigt, die von Ihren Füßen ausgehend Ihren ganzen Körper umzieht und sich schließlich über Ihrem Kopf schließt. Spüren Sie, wie geschützt Sie sich hinter diesem goldenen und hochenergetisierten Lichtwirbel fühlen, der Sie umgibt. Diese kurze Visualisierungsübung können Sie jeden Morgen zum Schutz für den Tag anwenden und auch jederzeit in Situationen reaktivieren, in denen Sie besonderen Schutz brauchen.

Die Kreativität des Herzens entfalten

Wir müssen akzeptieren,
dass dieser kreative Herzschlag in uns
Gottes eigener Herzschlag ist.

Joseph Chilton Pearce

Wenn wir uns in einem kreativen Schaffensprozess befinden, erleben wir uns angeschlossen an die Quelle einer mächtigen und pulsierenden Lebensenergie. Wir spüren die Kraft, die durch uns hindurchfließt, und tauchen ein in den Fluss des Lebens. Schöpferisch tätig sein heißt, sich einer Lebensenergie, die weit mächtiger ist als wir selbst, zur Verfügung zu stellen und dankbar aus deren Fülle zu schöpfen.

Mit der freien Entfaltung unserer Kreativität erhalten wir zugleich Zugang zu der in unserem Herzen beheimateten Weisheit. Wir werden authentisch, lösen uns von alten und begrenzten Vorstellungen und eröffnen uns neue Horizonte. Die östliche Weisheitslehre des Zen rät in diesem Zusammenhang zum Anfängergeist: allem ohne Erwartungshaltung und völlig offen zu begegnen, alle Dinge so zu sehen, als würden wir ihnen zum ersten Mal begegnen. Bei dem, was wir zu kreieren gedenken, sei es ein Buch, ein Gemälde oder der Sonntagskuchen, sich selbst die Erlaubnis zum Experimentieren, zum Ausprobieren und Erforschen zu geben und den unbegrenzten

Raum freier Entfaltung zu öffnen. Furchtlos sein, die eigenen Grenzen überschreiten und die Vorstellungen von perfekt und unvollkommen einfach hinter sich lassen. Sich gestatten, Fehler zu machen. Erst wenn wir die Kontrolle aufgeben, kann Neues und bislang Unerwartetes und Unvorstellbares einfallen. Unser kreatives Selbst ist wie ein Kind, das spielen will, und in jedem Schaffensprozess sitzen wir selbstvergessen wie ein Kind im Sandkasten und formen aus dem großen Sandmeer um uns herum spielerisch Neues. Wir horchen, spüren, ertasten und legen das frei, was bereits in uns ist.

Kreativität wird so zu einem Akt der tiefsten Verbundenheit mit uns selbst, mit unseren Mitmenschen, mit der Welt, die uns umgibt. Mitten im Leben kommt sie zum Blühen, verbindet Herzen miteinander und erweckt neue Ideen zum Leben.

Es gibt viele Möglichkeiten, kreativ zu werden, je nach Talent, Lust und Leidenschaft. Ich möchte Ihnen in diesem Kapitel eine Variante des Kreativen Schreibens, das Biografische Schreiben, nahebringen und ans Herz legen. In den beiden vorigen Kapiteln haben wir gesehen, wie beflügelnd es sein kann, den eigenen Visionen des Lebens zu folgen und sich auf eine Pilgerschaft des Herzens zu begeben. Was aber, wenn unsere Vergangenheit uns so beschwert, dass wir das Gefühl haben, gar nicht unbelastet aufbrechen zu können? Wenn wir spüren, dass es noch Unabgeschlossenes und Unbewältigtes gibt, das uns von dem Aufbruch zurückhält?

„Wer sich seiner Vergangenheit nicht erinnert, ist verurteilt, sie zu wiederholen", schrieb uns der Philosoph George Santanaya ins Stammbuch. Die Zukunft eröffnet sich dem, der um seine Vergangenheit weiß. Jeder Aufbruch braucht daher seine Zeit. An seinem Anfang stehen ein Innehalten und ein Zurückblicken. Eine Phase der Reflexion. Es gibt viele Möglichkeiten, sich zu erinnern. Sich seinen Erinnerungen schreibend zu nähern, halte ich aufgrund eigener Erfahrungen für eine besonders wirksame und bereichernde Methode, denn das Schreiben ermöglicht es, unser Herz von bedrückendem Ballast zu befreien, der bisherigen Interpretation der Vergangenheit neue Sichtweisen hinzuzufügen und damit der Zukunft neue Horizonte zu eröffnen. So können wir zur eigenen Lebensvision, zum eigenen Lebensentwurf finden, der nicht vorbelastet und verformt ist von belastenden Gefühlen. Das biografische Schreiben ermöglicht uns eine achtsame und zugleich kreative Erforschung unserer Lebensgeschichte. Wir blicken zurück auf die wichtigen Etappen, prägenden Erlebnisse und intensiven Momente unseres Lebens. Wir erfreuen uns an den schönen Erinnerungen und gestatten uns, über die schmerzhaften zu trauern. Wir stellen uns den Fragen: Was prägte mich? Was machte mich zu dem, was ich heute bin?

Wir schreiben über unsere Vergangenheit, um im Heute ein gutes Leben führen zu können. Wir schreiben uns alles vom Herzen und damit für unsere innere Freiheit. Die Aufarbeitung der eigenen Biografie mit kreativen Mitteln mündet Schritt für Schritt in einer Annahme dessen, was war. Was geschah, vermögen wir nicht mehr zu ändern. Doch wir können dem eine andere Bedeutung für unser Leben geben. Wir können im Erlebten die Möglichkeit zu Entwicklung und Wachstum entdecken. Letztlich geht es um nicht mehr und nicht weniger als die Versöhnung mit der eigenen Lebensgeschichte.

Die grundlegende Ausrichtung beim Biografischen Schreiben ist auf unseren unverletzten und letztlich unverletzlichen Wesenskern gerichtet. Indem wir diesen stärken, erhalten wir die Kraft, uns schließlich auch den schmerzhaften Erfahrungen zu stellen. Erinnern Sie sich zuerst an die Helfer Ihrer Kindheit, an die Menschen, die Sie beschützt und geliebt haben, Ihnen beistanden, Ihr Leid linderten, dem Kind, das Sie einmal waren, mit Wohlwollen und Fürsorge begegneten. Menschen also, die Ihnen Hoffnung gaben und Mut machten für Ihren

Lebensweg. Was alles verdanken Sie ihnen? Nutzen Sie die Chance, diesen Menschen Dank zu sagen, wenn Sie noch leben. Wenn nicht, dann danken Sie ihnen in Ihrem Herzen.

Erinnern Sie sich an das, was Sie als Kind glücklich machte, an Momente der Geborgenheit in der warmen Stube an kalten Wintertagen, an die heißen Sommertage am See, Wanderungen mit Ihren Eltern im leuchtenden Herbstwald. Wir alle haben Momente der Glückseligkeit gespeichert. Vielleicht möchten Sie diese Glücksmomente niederschreiben, sodass Sie auch in schweren Zeiten darauf zurückgreifen können. Schreiben Sie über Ihre Orte der Geborgenheit, über die schönsten Momente und Stunden Ihres Lebens, über die Menschen, die Sie mit Ihrer Liebe und Fürsorge begleiteten. Je öfter und intensiver wir uns an glückliche Ereignisse erinnern, desto intensiver prägen sich diese unserem Herzen als Glücksspuren ein.

„Gott kommt durch eine Wunde", schrieb die Sufi-Meisterin Irina Tweedie. Leonard Cohen brachte eine ähnliche Überzeugung in einem seiner schönsten Songs zum Ausdruck: „There is a crack in everything, this is where the light comes in." Unsere Verletzungen, unsere Wunden, die uns das Leben zugefügt hat, die unschönen Beulen, die es uns geschlagen hat, bergen ein großes Potenzial für persönliche Entwicklung und Wachstum in sich. Es wäre schade, wenn wir dieses nicht für unseren weiteren Lebensweg aufschließen und nutzen würden.

 Fragen Sie sich:

» Was sind meine kreativen Ausdrucksmittel?
» Wann fühle ich mich in einem schöpferischen Schaffensprozess?
» Was hindert mich an der freien Entfaltung meiner Kreativität?

# Biografisches Schreiben[10]

Nachdem Sie sich ein Fundament positiver Erinnerungen geschaffen haben, können Sie sich nun den schmerzhaften Ereignissen Ihres Lebens zuwenden. Nehmen Sie zuvor jedoch Kontakt mit Ihrem Herzen auf und befragen Sie es, ob es tatsächlich die richtige Zeit dafür ist. Tragen Sie tatsächlich den Wunsch in sich, sich diesen Erinnerungen zu stellen? Zwingen Sie sich keinesfalls zu etwas, wozu Ihr Herz nicht bereit ist.

Wenn Sie die deutliche Bereitschaft spüren, sich schreibend und kreativ schmerzhaften Ereignissen Ihrer Kindheit zuzuwenden, dann ziehen Sie sich dafür an einen ungestörten Ort zurück und lesen Sie erst noch einmal die positiven Texte, die Sie in den Übungen zuvor verfasst haben. Nehmen Sie sich einige Minuten Zeit, um sich innerlich zu sammeln und ruhig zu werden. Vielleicht machen Sie auch eine der empfohlenen Herzmeditationen oder Körperübungen, um Ihr Herz zu öffnen und mit diesem in Kontakt zu kommen. Lassen Sie dann Ihre Gedanken zurückwandern in Ihre Kindheit. Schauen Sie sich die Bilder an, die aufsteigen. Erfreuen Sie sich an den glücklichen Momenten, die sich zeigen. Tauchen Sie dann tiefer ein und lauschen Sie, welche schmerzhaften Erinnerungen sich zu Wort melden. Welche Bilder erscheinen vor Ihrem inneren Auge? Welche Gefühle lösen diese in Ihnen aus? Wenden Sie sich dem Ereignis zu, das am meisten Energie in sich trägt. Und schreiben Sie dann unzensiert alles nieder, was Ihnen dazu einfällt. Erlauben Sie sich, zornig, böse und ungerecht zu sein. Versuchen Sie, aus der Sicht des verletzten Kindes zu schreiben, direkt und unmittelbar, ganz genau so, wie Sie sich gerade fühlen. Wenn Sie bei schmerzhaften Erinnerungen Distanz brauchen, dann können Sie sich aber auch dazu entscheiden, in der dritten Person zu schreiben.

Indem Sie die Geschichten so unmittelbar wie möglich aus Ihrem Innersten aufschreiben, leiten Sie bereits einen Heilungsprozess ein. Ihr verletztes inneres Kind kann sich äußern, Sie haben es gesehen, angenommen, nicht verleugnet, sondern sein Leid gewürdigt. Lassen Sie den Text danach mindestens einen Tag und eine Nacht ruhen. Lesen Sie ihn dann erneut. Lesen Sie ihn sich laut vor, einem Menschen oder auch Ihrem Hund oder dem Baum vor dem Fenster. Durch das wiederholte Lesen fügen Sie eine Ebene der Distanzierung ein. Nun werden Sie feststellen, wo Sie den Text verändern möchten. Lesen Sie ihn erneut nach einiger Zeit wieder, bis Sie ihn schließlich kraftvoll und neu lesen können, frei von Identifizierung und frei von Leid. Die Überarbeitung gehört zum Loslösungsprozess und trägt dazu bei, zu einem inneren Frieden mit dem Geschehenen, mit sich selbst und den Beteiligten zu finden.

Die Selbstheilungskräfte aktivieren

Der Arzt behandelt,
die Natur heilt.

Hippokrates

„Niemand und kein noch so gutes Gesundheitssystem der Welt können einen Menschen gesund machen oder heilen. Nur der Mensch selbst trägt das Potenzial für Heilung in sich", sagte der Neurobiologe Gerald Hüther 2012 auf dem deutschen Ärztekongress. Die Überzeugung des Hirnforschers, dass die ärztliche Heilkunst nur dazu dienen kann, die Selbstheilungskräfte des Menschen zu aktivieren, stellt für die Schulmedizin zweifelsohne eine Provokation dar. In deren Denken kommt dem Arzt die (all)mächtige Rolle des Reparateurs zu, der den Menschen wieder zum Funktionieren bringt, indem er wie bei einer Maschine abgenutzte Teile repariert oder auswechselt. Im Zentrum dieser vom mechanistischen Weltbild des 17. Jahrhunderts geprägten „Reparaturmedizin" steht die schnelle und effektive Beseitigung der Krankheitssymptome. Was dabei jedoch aus dem Blickfeld gerät, ist der ganze Mensch mit seinem biografischen Hintergrund und seinen persönlichen Lebenserfahrungen. Unberücksichtigt bleibt auch die Frage, was Menschen dabei unterstützt, sich von schweren Erkrankungen zu erholen und weshalb es Menschen gibt, die trotz hoher Belastungen und Risikofaktoren gesund bleiben.

Seit ihrer Entstehung richtet die moderne Medizin ihr Augenmerk darauf, was den Menschen krank macht. Was aber erhält den Menschen gesund? Vor vierzig Jahren stellte sich der Medizinsoziologe Aaron Antonovsky genau diese Frage und begann mit der Erforschung der Faktoren, die Körper und Seele in Balance erhalten. Damit war die Salutogenese (*salus* = Gesundheit, *genese* = Entstehung) geboren, die völlig neue Maßstäbe in der Medizin setzte und die Sichtweise von Gesundheit und Krankheit grundlegend revolutionierte. Antonovsky illustrierte seine Vorstellung von Gesundheit und Krankheit anschaulich mit der Metapher von einem Fluss, in dessen Strömung wir Menschen treiben. Während die Schulmedizin immer dann einen Rettungsreifen in die Fluten wirft, wenn ein Mensch in diesen unterzugehen droht, ist die Salutogenese bestrebt, den Menschen zu einem guten Schwimmer auszubilden. Aus salutogenetischer Sicht liegt das Geheimnis der Gesundheit in der Fähigkeit, vorhandene Ressourcen zum Erhalt des Wohlbefindens und des inneren Gleichgewichts zu nutzen. Der Psychotherapeut Gert Kaluza beschreibt in seinem Buch *Salute! Was die Seele stark macht* vier zentrale Voraussetzungen für körperliche und seelische Gesundheit: Selbstfürsorge, die uns dazu befähigt, die eigenen Bedürfnisse wahrzunehmen und achtsam mit sich selbst umzugehen; soziale Unterstützung in Form liebevoller Beziehungen und Menschen, auf die wir uns verlassen können; Selbstwirksamkeit, die das Vertrauen in die eigene Kraft beinhaltet und befähigt, Schwierigkeiten und Krankheiten beherzt anzugehen, sowie eine Sinnorientierung und damit das Wissen um eine tiefere Bedeutung des eigenen Lebens. Die zentralen Fragen für den Erhalt unserer Gesundheit lauten daher: Woher bekomme ich meine Kraft? Was nährt mich? Wer stützt mich? Was gibt meinem Leben Sinn?

Um die Trennung zwischen Körper und Geist, die in der modernen Medizin allgegenwärtig ist, zu überwinden, entstanden zwischenzeitlich eine Vielzahl ganzheitlicher und komplementärer Verfahren. Dazu gehört die neue Body-Mind-Medizin, die von der engen Wechselwirkung zwischen Körper und Geist überzeugt ist und untersucht, welche Lebensweise sich spürbar auf das körperliche und seelische Wohlbefinden auswirkt. Sie fokussiert auf die im Menschen vorhandenen Potenziale zur Gesundheitsförderung und legt ihr Augenmerk darauf, wie wir unsere Selbstheilungskräfte aktivieren und unsere Ressourcen stärken können. Hierfür hat diese integrative Methode ein Mehrkomponentenprogramm entwickelt, das gesunde Ernährung, Bewegung, Zeiten der Entspannung ebenso wie verhaltenstherapeutische Methoden miteinander verbindet. Im Bereich der Herztherapie hat der Kardiologe Dean Ornish ein Lebensstilprogramm entwickelt, das sich genau diese Komponenten für die Heilung von Herzerkrankungen zunutze macht. Seine Therapie, die auf vegetarische Ernährung, Yoga und Meditation, Bewegung und Gesprächstherapie setzt, hat – wie der Buchtitel verspricht – tatsächlich zu einer *Revolution in der Herztherapie* geführt.

Inzwischen wissen wir: Worte können mitunter mehr bewirken als Skalpell und Medikament. Eine optimistische Grundhaltung und die Unterstützung anderer tragen entscheidend zum Heilungsprozess bei. Hoffnung mobilisiert nachweislich die Selbstheilungskräfte des Körpers. Wissenschaftliche Untersuchungen belegen, dass bei optimistischen Menschen Knochenbrüche schneller heilen, Wunden sich besser schließen und sie Herzoperationen leichter überstehen.[11] Ein stabiles Netzwerk aus Freunden und Familienangehörigen, eine gute Beziehung und das Wissen, geliebt zu werden, scheinen wahre Wunder zu wirken.

Das Prinzip Hoffnung erklärt auch das Phänomen des Placebo-Effekts, bei dem ein Medikament ohne Wirkstoff zur Linderung von Beschwerden führt, weil Menschen glauben, ein hochwirksames Mittel erhalten zu haben. Erstaunlicherweise aktiviert ein Placebo im Körper dieselben biochemischen Prozesse wie das erwartete Medikament. Der Glaube an das Medikament scheint daher ebenso wichtig zu sein wie das Medikament selbst, denn er aktiviert mit den Selbstheilungskräften das Immunsystem. Dass der Glaube heilen kann, lesen wir bereits in der Bibel. Jesus nutzte wiederholt die Kraft des Glaubens, die wahre Wunder bewirkt: „Sei unbesorgt. Dein Glaube hat dich geheilt. Im selben Augenblick war die Frau gesund", ist im Matthäusevangelium 9,18 zu lesen. Tatsächlich belegen neue Forschungen, dass es Menschen, die einen Glauben an etwas haben – sei es an eine gute Weltordnung, einen liebenden Gott oder das Leben selbst –, leichter fällt, in Krisensituationen ihre Kräfte zu aktivieren und diese damit zum Guten zu wenden. Der Professor für Komplementärmedizin, Harald Walach, belegte in einer Forschungsstudie, dass eine regelmäßige spirituelle Praxis – sei es die tägliche Meditation oder das Gebet – eine stabilisierende und damit gesundheitsfördernde Wirkung hat. Sie stärkt das Vertrauen in das Leben und wird damit zu einer wichtigen Ressource in Krisensituationen. In einem Gespräch mit mir sagte er: „Regelmäßiges spirituelles Praktizieren stellt so etwas wie einen Schutzfaktor vor den Widrigkeiten des Lebens dar. Die spirituelle Praxis hilft nicht nur dabei, gelassener mit Schwierigkeiten umzugehen, sondern auch, diese Widrigkeiten des Lebens in ein weltanschauliches Sinngefüge einzuordnen. Das ist der Ort, an dem die klassische Religion ihren Sitz und ihre Funktion hat."

Jede Krankheit kann zur Sinnfindung beitragen. Wer in sich geht und sich ernsthaft der Frage stellt, was die Krankheit mit dem eigenen Leben zu tun haben könnte, wird sicherlich einen vernachlässigten Aspekt finden, einen Mangel, den es zu beheben, eine unerfüllte Sehnsucht, die es zu leben gilt. So kann uns die Erkrankung zu dem führen, was wir bislang übersehen oder verdrängt haben. Die Krankheit selbst entfaltet eine therapeutische Wirkung, an der unser Leben gesunden kann, wenn es uns gelingt, sie als Möglichkeit zu Wachstum und Veränderung zu nutzen. Darin liegt das Heilungspotenzial der Krankheit. Sie stellt uns vor die Frage: Was ist mir wirklich wichtig im Leben? Und sie fordert uns dazu auf, dies dann auch zu tun.

Der Komplementärmediziner Klaus Platsch weist in seinem Buch *Was heilt* darauf hin, dass heil sein weit mehr ist als nur gesund sein. Heil sein bedeutet, sich ganz zu fühlen. Mit sich selbst, den Menschen im eigenen Leben, der Welt, in der man lebt, in Einklang zu sein. So betrachtet ist es durchaus möglich, sich *mit* einer Krankheit als heil zu empfinden. Dies bestätigt der Kardiologe Pearsell in seinem Buch *Heilung aus dem Herzen*: „Ungeachtet medizinischer Befunde können wir uns selbst als geheilt fühlen, wenn wir uns wieder wie ein ganzer Mensch fühlen, wenn wir uns mit anderen eng verbunden wissen, sich unser Herz wieder von der Welt verzaubern lässt, wir das Leben feiern und es nicht um jeden Preis verlängern wollen, wenn wir den freien Fluss der Liebesenergie in uns spüren können, unser Herz geöffnet ist und der Energiefluss in uns wiederhergestellt ist, wenn wir uns eingebunden wissen in ein kosmisches liebevolles Beziehungsgeflecht."

 ## Was braucht mein Herz?[12]

Mit dieser Übung können Sie mit Ihrem Herzen Kontakt aufnehmen und Bilder aus Ihrem Unbewussten empfangen. Nehmen Sie sich für diese Übung Zeit und ziehen Sie sich an einen ungestörten Ort zurück. Schließen Sie die Augen und visualisieren Sie Ihr Herz. In welcher Form erscheint es Ihnen? Wie sieht es aus? Welche Farbe hat es? Welche Form? Wenn Sie ein klares Bild Ihres Herzens vor sich sehen, dann begrüßen Sie es, wie Sie einen Menschen begrüßen würden. Vielleicht spricht Ihr Herz Sie mit einer eigenen Stimme an. Vielleicht kommuniziert es aber auch mit Bildern.

Danken Sie Ihrem Herzen zuerst, dass es Sie mit seiner Kraft am Leben erhält. Fragen Sie es nun, wie Sie es unterstützen können und was es braucht. Fragen Sie es, was es für seine körperliche Heilung braucht. Wenn Sie darauf eine Antwort erhalten haben, dann fragen Sie, was es für seine emotionale Heilung und schließlich für seine spirituelle Heilung benötigt. Gut möglich, dass es Ihnen sehr konkrete Ratschläge zu Ernährung und Körpertraining gibt und Auskunft zu Gefühlen und Beziehungen.

Vielleicht stellen Sie auch fest, dass Ihnen Ihr Herz nicht antwortet. Vielleicht gibt es ein Hindernis in der Kommunikation zwischen Ihnen. Mag sein, dass Ihr Herz es noch nicht gewohnt ist, mit Ihnen in Kontakt zu treten, weil Sie lange nicht mit ihm gesprochen haben. Vielleicht hat es eine Mauer um sich errichtet, eine Barrikade, vielleicht hat es das Tor verriegelt. Nehmen Sie dann Kontakt auf mit dem Hindernis. Danken Sie ihm, dass es Ihr Herz geschützt hat, und fragen Sie es, ob es für eine Zeit weichen könne, damit Sie sehen, was sich hinter ihm befindet, und erfahren können, wie es dem Herzen geht. Sehen Sie, wie sich das Tor öffnet. Nun können Sie direkt mit Ihrem Herzen sprechen. Danken Sie ihm zum Schluss für seine Offenheit. Und bitten Sie es, dass Sie bald wieder mit ihm in Kontakt treten können.

Diese Visualisierungsübung ist sehr kraftspendend und lehrreich, denn was Sie erfahren, kommt aus Ihrem eigenen Inneren, entspringt Ihrer inneren Weisheit, dem tiefen Wissen, das Sie in sich selbst tragen. Sie brauchen keine Experten und Weisheitslehrer, keine Autoritätsfigur im Außen, um zu wissen, was gut für Sie ist.

Das Herz heilen

Das oberste Gebot der Gesundheit lautet:
Du sollst Herz zeigen!

Paul Pearsall

Wer heute einen Herzinfarkt erleidet, hat gute Gründe, für die Fortschritte der modernen Medizin dankbar zu sein. Ohne die Heilungsmethoden, die von dieser entwickelt wurden, würden heute noch weit mehr der Betroffenen sterben oder an schwerwiegenden Folgeerscheinungen leiden. Während sich Patienten noch vor wenigen Jahren mit einer aufwendigen Operation am offenen Herzen konfrontiert sahen, ist es mittlerweile Standard, die verschlossenen Blutgefäße mittels eines Herzkatheters wieder zu öffnen und mit Stents zu überbrücken. Ich selbst konnte diesen Eingriff am Monitor mitverfolgen und sah staunend dabei zu, wie die Drahtimplantate durch die Arterien in mein Herz geschoben und an der benötigten Stelle eingesetzt wurden. Doch auch wenn dies für die Medizin mittlerweile ein Routineeingriff ist – für die Betroffenen ist es alles andere als das. Es gehört nun einmal nicht zur Routine des eigenen Lebens, Drähte ins Herz geschoben zu bekommen. Und so sah ich am Bildschirm auch, wie sich meine Herzkranzgefäße beim Kontakt mit dem Fremdkörper verkrampften. Das Bild meines sich verkrampfenden Herzens hat sich mir nachhaltig eingeprägt. Sein positiver Langzeiteffekt besteht bis heute darin, dass es warnend vor meinem inneren Auge erscheint, wenn ich mein Herz überfordere.

Mit diesem Eingriff war mein Herz „repariert" und die Ärzte waren zufrieden. Die „Pumpe", wie Naturwissenschaftler das Herz so gerne nennen, funktionierte wieder. Durch die Implantate floss das Blut ungehindert und ich hatte keine Schmerzen mehr. Erklärungen, wie es zu diesem Infarkt gekommen war, konnten mir die Ärzte nicht geben. Worauf also wollte mich mein Herz hinweisen? Was konnte ich tun, damit sich so etwas nicht wiederholt? Antworten auf diese Fragen, das spürte ich sehr schnell, musste ich schon selbst finden.

Eine schwere Erkrankung ebenso wie eine plötzliche gesundheitliche Krise ist immer eine Zäsur im Leben und stellt dieses auf den Prüfstand. Was bis dahin noch selbstverständlich war, ist es danach nicht mehr. Trotzdem versuchen viele Betroffene, so schnell wie möglich wieder an das Leben anzuknüpfen, aus dem sie herauskatapultiert wurden. Ein durchaus verständlicher Versuch, Normalität wiederherzustellen, den auch ich anfangs unternahm. Es war mir äußerst unangenehm, anderen von meinem Herzinfarkt zu erzählen. Das Entsetzen, das es bei ihnen auslöste, erschreckte mich selbst jedes Mal aufs Neue. Mich verunsicherte auch die unausgesprochene Frage nach dem Warum, die ich in so manchen Gesichtern sah. Galt Krankheit früher noch als gottgesandte Strafe, wird sie heute von vielen Menschen als selbstverursacht angesehen. Betroffene müssen sich daher neben ihrer Krankheit auch noch mit dem Vorwurf herumschlagen, selbst schuld an ihrer Misere zu sein. In unserer komplexen Welt sind die Ursachen für Erkrankungen jedoch so vielfältig, dass niemand wissen kann, weshalb der eine krank wird und ein anderer gesund bleibt, betonte der Professor für Komplementärmedizin, Harald Walach, in einem Gespräch mit mir. Und ganz gleich, wie gesund und bewusst wir auch leben – es wäre vermessen zu glauben, wir wären dadurch vor Krankheiten gefeit. Deshalb gibt es auch auf die Frage nach den Ursachen eines Herzinfarkts keine einfachen und pauschalen Antworten.

Natürlich wissen wir heute um die medizinischen Risikofaktoren von Bluthochdruck, Diabetes mellitus, erhöhtem Cholesterin und der Disposition zur Arteriosklerose, die einen Herzinfarkt begünstigen. Ebenso wissen wir, dass Lebensstilfaktoren wie ungesunde Ernährungsgewohnheiten, Übergewicht, Rauchen, mangelnde Bewegung, Stress, Überforderung und permanenter Zeitdruck Risiken in sich bergen. In den 1950er-Jahren bestimmten die Kardiologen Rosenmann und Friedrichmann eine Herzinfarktpersönlichkeit des Typus A, die fortan durch sämtliche Fachkongresse geisterte und bis heute in den Köpfen der Menschen herumspukt. Herzinfarktpatienten gelten demnach als unbeherrschte, leicht erregbare, zu Ärger neigende, dominante und leistungsorientierte Menschen. Auch wenn mittlerweile nachgewiesen ist, dass viele Betroffene diesem Typus gar nicht entsprechen, hält sich das Vorurteil beharrlich. Und damit lastet bis heute das Stigma auf Herzinfarktpatienten, dass sie selbst schuld an ihrer Erkrankung seien. Der Psychologe Eckhard Görlitz hat in seiner therapeutischen Praxis ganz andere Erfahrungen gemacht. Er schreibt in seinem Buch *Herz-Zeit*: „Ich habe in meinen Herzpatienten noch nie den Typ A gesehen, sondern erlebe sie als sehr feinfühlige Menschen mit großer Offenheit, die sich dadurch aber oftmals schlecht abgrenzen können. Es sind häufig Menschen, die sich sehr fürsorglich um andere kümmern, die sehr verantwortungsvoll, pflichtbewusst und sehr wohl auch am Gemeinsinn orientiert sind, dann aber oft auch schlecht die Grenze der eigenen Belastbarkeit wahrnehmen und einhalten können. Es sind Menschen, die meist alle Antennen ausgefahren haben, die Welt um sich herum sehr genau wahrnehmen und deshalb leicht übersensibel reagieren können."

Es empfiehlt sich daher, nach einem Herzinfarkt, ebenso aber auch bei koronaren Herzerkrankungen und immer wiederkehrenden Herzschmerzen die eigene Lebenssituation gründlich zu reflektieren. Gute Freunde können hierbei ebenso unterstützend sein wie ein einfühlsamer Therapeut oder eine Selbsthilfegruppe. Eckhard Görlitz rät, den folgenden Fragen auf den Grund zu gehen: „Hat sich die Lebensperspektive durch akute und starke Belastungen verengt und zum negativen Stress verdichtet, sodass es auch dem Herzen zu eng wurde? Gibt es berufliche oder private Probleme, die einem sehr zu Herzen gehen? Ist die Herzkrankheit Ausdruck einer länger anhaltenden seelischen Krise, bei der sich bestimmte Themen wie Angst, mangelndes Urvertrauen und Depression oft schon wie ein roter Faden durch die Biografie ziehen?" Gründe für einen akuten Herzinfarkt lassen sich mitunter in Existenzängsten finden, die in früher Kindheit und Jugend ihren Ursprung haben und durch kritische Einbrüche und starke Belastungen im späteren Leben aktiviert werden. Ängste, Kränkungen und seelische Verletzungen hinterlassen ihre Spuren in unseren Herzen.

Ein Herztagebuch, dem Sie Ihre Ängste und Sorgen anvertrauen, kann sehr hilfreich sein. Indem Sie Ihre Probleme niederschreiben, entlasten Sie Ihr Herz und gelangen zugleich zu tieferen Einsichten über Ihr Leben.

Worum es geht, ist eine ganzheitliche Heilung des Herzens auf physischer, seelischer und spiritueller Ebene. Darauf weist der Kardiologe Dean Ornish hin, der mit seinem ganzheitlichen Therapieansatz für eine *Revolution in der Herztherapie* sorgte. Er entwickelte bereits in den 1990er-Jahren ein ganzheitliches Gesundheitsprogramm, dessen erstaunliche Erfolge wissenschaftlich belegt sind. Durch seine Herztherapie, die er ausdrücklich als Ergänzung und nicht als Ersatz für notwendige konventionelle medizinische Therapie empfiehlt, bilden sich Verengungen der Herzkranzgefäße bereits nach einem Jahr messbar zurück, die Blutzufuhr des Herzens wird gefördert und auch die üblicherweise fortschreitenden Gefäßveränderungen nach einem Herzinfarkt können gestoppt werden. Der Schlüssel hierfür liegt allein in der Veränderung des Lebensstils: einer vegetarischen und fettarmen Ernährung, dem vollständigen Verzicht auf Nikotin, regelmäßiger Bewegung und gezielten Entspannungsübungen aus dem Yoga und der Meditation zusammen mit einer begleitenden Gruppentherapie. Er selbst hat hierfür in seinem Buch Übungen aus dem Hatha Yoga und Atem- und Entspannungstechniken zusammengestellt, die sich positiv auf das Herz auswirken. Zudem hat er ein Kochbuch erstellt, in dem „Herzrezepte" nachzulesen sind. Dean Ornish beschreibt sein ganzheitliches Selbsthilfeprogramm wie folgt: „Auf der physischen Ebene kann dieses Programm Ihnen helfen, Ihre koronaren Arterien wieder durchlässiger zu machen, mehr Kraft und Energie zu spüren und weniger unter Schmerzen zu leiden. Auf der emotionalen Ebene kann es Sie darin unterstützen, anderen Menschen Ihr Herz zu öffnen und mehr Glück, Intimität und Liebe in Ihren Beziehungen zu erfahren. Auf der spirituellen Ebene kann es Sie ermutigen, einer höheren Macht Ihr Herz zu öffnen und in Ihrem eigenen Selbst die Quellen des inneren Friedens und der Freude wiederzuentdecken." In den letzten Jahren wies er in Vorträgen und Artikeln verstärkt auf die Bedeutung von Liebe und Verbundenheit für die Herzgesundung hin und betonte den zentralen Stellenwert der therapeutischen Selbsthilfegruppe im Heilungsprozess.

Früher oder später macht sich jeder Betroffene an die Ursachenforschung. Dabei stellen viele fest, dass dies gemeinsam mit anderen, die sich in einer ähnlichen Situation befinden, einfacher ist. Mit Menschen also, die nicht urteilen, keine klugen Ratschläge erteilen, sondern die einander im Heilungsprozess unterstützen, bei denen man mit den eigenen Problemen nicht hinter dem Berg halten und die Fassade nicht aufrechterhalten muss. In einer Gruppe von Betroffenen kann man sein Herz erleichtern, man trifft auf Verständnis und findet gemeinsam zu neuen Lösungen. Die Antworten, die jeder Einzelne dabei findet, haben oft weitreichende Konsequenzen und können zu einer völligen Neuorientierung im Leben führen. Doch auch für diejenigen, die ihr bisheriges Leben weiterführen, bleibt ein gravierender Einschnitt, der das Leben in ein „Zuvor" und ein „Danach" teilt.

Auch ich verstand schon bald, dass es ein nahtloses Weitermachen nicht gibt. Dazu war das Signal zu deutlich gewesen. Der Riss im eigenen Herzen erinnerte mich daran, fortan sehr aufmerksam hinzuspüren, was mir guttut und was nicht. Da ich kein ungesundes und hektisches Leben geführt hatte, konnte ich gravierende Veränderungen in meinem Lebensstil nicht vornehmen. Was ich nun jedoch feststellte, war, dass ich mich intuitiv von manchen Aktivitäten zurückzog, andere hingegen suchte und ihnen mehr Raum in meinem Alltag gab. Ich verspürte den Impuls, meine Ernährung auf kohlenhydrat- und fettarme Kost umzustellen und verlor dabei meinen früheren Heißhunger auf Süßigkeiten. Wie von selbst verschwanden überflüssige Pfunde, die sich in den letzten Jahren klammheimlich auf meinen Rippen geparkt hatten. Ich vertraute meinem Herzen, herauszufinden, was mir guttat. Darin sah ich mich von dem Kardiologen Paul Pearsall in seinem Buch *Heilung aus dem Herzen* bestätigt: „Man überlässt es dem Herzen, seine natürlichen Heilkräfte und sämtliche Erinnerungen an frühere Heilungsprozesse zu mobilisieren. Der Heilungsprozess wird gefördert, wenn wir uns an die inneren angeborenen Impulse erinnern und dem Körper gestatten, seine natürlichen Heilkräfte zu mobilisieren." Die zentralen Fragen, die mich fortan begleiteten, waren: Was braucht mein Herz? Was empfinde ich als heilend? Welche Orte und welche Menschen sind gut für mich?

Ich hatte das Glück, einen der heilsamsten Faktoren für die Herzgesundung an meiner Seite zu haben: meine Hündin, die ich kurz vor meinem Herzinfarkt aus einem spanischen Tierheim geholt hatte. Sie forderte drei Mal täglich genau das von mir ein, was für die Stärkung des Herzens von zentraler Bedeutung ist: viel Bewegung an der frischen Luft. Und nicht nur das: Mit ihrer stürmischen Freude bei jedem Spaziergang erfreute sie jedes Mal auch mein Herz. Ob Regen oder Sonne, sie preschte glücklich über die Wiesen und durch die Wälder. Schwanzwedelnd, hocherfreut, aufmerksam für alles, was sie umgab. Hunde sind die großen Lehrmeister der Achtsamkeit. Wer etwas über die Freude, im Augenblick zu leben, wissen will, braucht nur auf herumtollende Hunde zu blicken. Immer häufiger und länger zog es mich hinaus ins Grüne. Immer seltener traf ich meine Freunde in lauten Kneipen, sondern verabredete mich mit ihnen zu Ausflügen in die Natur. Die Natur wurde zu meinem Gesundbrunnen, hier fand ich zu meiner Kraft. Wasser erlebte ich als heilend und beruhigend, die Ostsee als ein kraftvolles Refugium und den Bodensee als sanfte Heilstätte. Das Grün der Bäume legte sich wie Balsam auf mein Herz, die leuchtenden Farben der Jahreszeiten ließen es vor Freude höher schlagen. Wie wichtig die Natur in diesem Heilungsprozess ist, bestätigt Paul Pearsall, dessen Buch mir in dieser Zeit zu einem wichtigen Ratgeber wurde: „Wir finden Heilung an Kraftorten, an energiefreundlichen Orten, an denen wir uns mit den natürlichen Aspekten des Lebens vernetzen und in die Energie eintauchen, die von Pflanzen, Tieren und liebevollen Menschen in unserer Umgebung abstrahlt und in die wir uns eingebunden fühlen. Das Meer, der Wald erzeugen eine Resonanz in unserem inneren Heilzentrum."

Fragen Sie sich:

» Welche Entspannungsmethoden wende ich an, um dem täglichen Stress zu begegnen?

» Sorge ich jeden Tag für ausreichend Bewegung an der frischen Luft?

» Ernähre ich mich gesund?

Zwei Mudras aus dem Finger-Yoga zur Herzstärkung

Mudras gelten als die „Fingerkraftwerke" im Yoga. Sie können von fast jedem Menschen ohne Schwierigkeiten angewendet werden.

Ganesha-Mudra (der Elefantengott, der alle Hindernisse überwindet)

Das Ganesha-Mudra stärkt die Herzmuskulatur, stimuliert die Herztätigkeit und löst Blockaden im Brustbereich. Es öffnet das Herzchakra, schenkt Zuversicht und Offenheit und macht Mut, den Menschen mit wohlwollendem Herzen zu begegnen.

Halten Sie die linke Hand mit der Handfläche nach außen vor die Brust. Die Finger sind leicht gekrümmt. Greifen Sie nun mit der rechten Hand mit dem Handrücken nach außen fest in die linke Hand. Beim Ausatmen ziehen Sie die Hände ohne den Griff zu lockern kräftig auseinander. Beim Einatmen lassen Sie die Spannung los. Wiederholen Sie dies einige Male. Dann legen Sie beide Hände liebevoll auf den

Herzbereich und spüren nach, bevor Sie für die Übung die Hände wechseln und die Übung erneut wiederholen.

Die Farbe Rot stärkt das Herz, verleiht Mut, Beherztheit, Wärme, weitet und wärmt das Herz. Visualisieren Sie die Farbe Rot oder umgeben Sie sich mit roten Dingen.

Apan Vayu-Mudra (der Lebensretter)

Diese Fingerhaltung ist wie eine Erste-Hilfe-Funktion, wenn Sie Herzschmerzen bekommen. Sie reguliert viele Herzkomplikationen. Das darf Sie aber nicht davon abhalten, ärztliche Hilfe zu holen, wenn der Schmerz nicht abnimmt. Sie können diese Übung bei Bedarf und zur Herzstärkung täglich 3 x 5 Minuten anwenden: Beugen Sie Ihren Zeigefinger, sodass er den Daumenballen berührt. Berühren Sie mit den Spitzen von Mittel- und Ringfinger die Daumenspitze. Der kleine Finger bleibt ausgestreckt.

Während Sie diese Fingerhaltung ausführen, können Sie die folgende Visualisierungsübung durchführen: Stellen Sie sich Ihr Herz als eine rote Rosenknospe vor. Bei jedem Ausatmen öffnet sich ein Rosenblatt, bis schließlich die Blüte ganz offen ist. Mit jedem weiteren Atemzug wird diese offene Blüte größer und schöner. Sie leuchtet und strahlt Wärme in Ihren Brustkorb aus. Vielleicht möchten Sie sich während der Meditation mit dem Herzduft von Rosenöl umgeben.

IV

Den Weg
des Herzens gehen

Die Pilgerschaft des Herzens

Wohin du auch gehst,
geh mit deinem ganzen Herzen.

Konfuzius

Zum Herzen, so sagt ein türkisches Sprichwort, führen nicht große Straßen, sondern die stillen Wege. Deshalb begeben sich Menschen, die sich vor eine wichtige Entscheidung ihres Lebens gestellt sehen oder sich in einer Lebenskrise befinden, häufig auf einen Weg nach innen. Manche brechen dann zu einer Pilgerreise auf, andere begeben sich auf einen Selbsterfahrungstrip nach Indien oder eine stille Wandertour durch die Alpen. Von jeher haben Menschen Berge erklommen, Ozeane überquert und Wüsten durchlaufen, um zu sich selbst zu kommen. Natürlich können wir auch weniger spektakulär Einkehr halten bei uns selbst, indem wir uns morgens auf unser Meditationskissen setzen, mittags entspannt auf der Parkbank in die Sonne blinzeln oder beim täglichen Waldspaziergang in die Stille lauschen. Doch mitunter ist es notwendig, für einige Zeit aus dem Alltag auszusteigen, die Stille zu suchen, vertraute Menschen hinter sich zu lassen, damit das Neue sich zeigen und unser Herz sich Gehör verschaffen kann. Meist spüren wir es an der wachsenden Unruhe in uns, wenn es an der Zeit ist, zu einer Pilgerschaft des Herzens aufzubrechen.

Wenn wir mit unserem Herzen in Verbindung sind, kann uns dieses wie ein innerer Kompass durch das Leben führen. Wir spüren intuitiv, was im jeweiligen Moment zu tun ist. Aus der Weisheit des Herzens zu leben hat weniger mit Wollen und Machen zu tun, sondern vielmehr mit Loslassen, mit innerer Gelassenheit und spielerischem Erspüren. Die Weisheit unseres Herzens vermag uns weit über unser begrenztes Selbst hinauszuführen. Wir werden authentisch, lösen uns von alten und begrenzten Vorstellungen von uns selbst und öffnen uns neuen Horizonten. Menschen, die eine intensive Verbindung zu ihrem Herzen haben, sind offen wie spielende Kinder, die absichtslos und voller Hingabe im Augenblick leben und ganz mit ihrem Tun im Einklang sind. Sie wissen: Sobald man nichts mehr erreichen will, zeigt sich das Wesentliche von selbst. Wie aber gelangen wir zu dieser Freiheit des Herzens?

Auch hier ist es sinnvoll, auf die Haltung des Anfängergeistes aus dem Zen zurückzugreifen, das heißt: dem, was einem begegnet, ohne Erwartungshaltung und völlig offen in die Augen schauen und alle Dinge so betrachten, als sähe man sie zum ersten Mal. Sich selbst die Erlaubnis zum Experimentieren, zum Ausprobieren und zum Erforschen geben und den Raum freier Entfaltung öffnen. Furchtlos sein, die eigenen Grenzen überschreiten und alle Konzepte einfach hinter sich lassen. Erst wenn wir die Kontrolle aufgeben, kann sich Neues zeigen. Es bedarf hierfür noch nicht einmal großer Abenteuer, es sind oft bereits die kleinen Schritte aus der täglichen Routine, die unser Leben in Bewegung bringen.

„Ich setzte meinen Fuß in die Luft und sie trug", schrieb die Dichterin Hilde Domin und brachte damit ihr Vertrauen ins Leben zum Ausdruck. Jeder Schritt, den wir nach vorne gehen, ist ein sichtbarer Beweis unseres Vertrauens in das Leben, denn wir wissen nicht, was vor uns liegt. Und doch gehen wir, wagen wir etwas Neues. Genau das ist es, wozu das Leben uns immer wieder ermuntern will: aufzubrechen zu neuen Ufern, Gewohntes zu verlassen, einen Schritt aus der Komfortzone herauszutreten und sich den frischen Wind der Veränderung um die Nase wehen zu lassen. Ein gelingendes Leben fordert es geradezu von uns ein, die eigenen Grenzen zu überschreiten, an Orte zu gehen, an denen wir noch nie waren, Menschen zu treffen, die bislang noch Fremde waren, und damit das Gewohnte, Vertraute und auch Schützende hinter sich zu lassen. Das heißt es, sich dem Leben anzuvertrauen.

Zweifellos erfordert es Mut, dem Ruf des Herzens zu folgen, denn er lockt uns in unbekanntes Territorium. Wo mag er uns wohl hinführen, fragen wir uns verzagt. Und wie finden wir ihn überhaupt? Manchmal ist er so tief in uns verborgen, dass wir ihn noch gar nicht recht erkennen können. Ein anderes Mal eröffnen sich mehrere Wege, und wir wissen nicht, welchen wir wählen sollen. Dann mag es hilfreich sein, den Rat von Susanna Tamaro aus ihrem Buch *Geh, wohin dein Herz dich trägt* zu beherzigen: „Wenn sich dann viele verschiedene Wege vor dir auftun, und du nicht weißt, welchen du einschlagen sollst, dann überlasse es nicht dem Zufall, sondern setze dich hin und warte. Lausche still und schweigend auf dein Herz. Und wenn es dann zu dir spricht, dann steh auf und geh, wohin dein Herz dich trägt."

Auch ich hatte nach meinem Herzinfarkt das Gefühl, an einer Weggabelung meines Lebens angekommen zu sein. Etwas Neues stand an, war aber noch nicht in Sicht. Ich suchte nach Antworten, fand sie aber nicht mehr dort, wo ich sie bis dahin noch gefunden hatte: im Kulturraum Stadt, bei den Menschen, in den Büchern. Immer entschiedener zog es mich hinaus zu stillen Streifzügen durch die Natur. Ich wollte den offenen Himmel über mir sehen und die Erde unter mir spüren. Ich sehnte mich nach Wasser, reiste an die Ostsee, blickte stundenlang auf die Wellen und spürte, wie mein Herz sich weitete und gesundete. Es zog mich in die Berge und ich fühlte, wie mir Stärke aus ihrer majestätischen Kraft erwuchs. Im Gehen erlief ich mir Antworten. War es zuvor der Trubel der Großstadt gewesen, der mein Herz höher schlagen ließ und mich mit kreativen Impulsen versorgte, war es davor der Weg der Zen-Meditation gewesen, auf dem ich zu den Antworten meines Lebens fand, so wurde nun die Natur zu meinem Erfahrungsort und zur wichtigsten Inspirationsquelle. Ich erkannte: Jeder Lebensabschnitt stellt andere Fragen an uns, und die Antworten darauf finden wir an neuen Orten. Wir müssen daher ganz genau hinhören und hinspüren, wo sich unser Herz wohlfühlt. Das mag in manchen Lebensphasen der schnelle und hitzige Pulsschlag der Großstadt sein, in anderen der ruhige und stetige Herzschlag des Landlebens.

Wenn wir in Kontakt mit unserem Herzen sind, können wir spüren, wie unser eigenes Energiemuster mit dem Ort, an dem wir uns aufhalten, in Kontakt tritt und entweder in Übereinstimmung mit diesem schlägt oder auch in Dissonanz zu ihm gerät. Wichtig für jeden von uns ist es daher, um die eigenen Kraftorte zu wissen. Diese Orte, an denen wir unmittelbaren Zugang zur pulsierenden Lebenskraft erhalten, gibt es überall: inmitten des Trubels der Großstadt ebenso wie in abgeschiedener Landschaft, in Kirchen und Klöstern ebenso wie auf dem Marktplatz oder dem Dancefloor. Wichtig ist, dass wir diese Kraftorte unseres Herzens finden und nutzen. Fast unnötig zu sagen, dass es für unser Leben besonders entspannend und zugleich inspirierend ist, wenn unser Wohnort mit unserem Herzschlag korrespondiert.

Ich begann damit, mir die Antworten meines Lebens zu erlaufen – und damit zugleich meinem Herzen etwas Gutes zu tun, denn das Gehen ist zentraler Bestandteil der Herztherapie. Es bringt den Kreislauf in Schwung, erhöht den Pulsschlag und stärkt damit das Herz. Bereits Spaziergänge in einem mittleren

Schritttempo wirken sich nachweislich positiv auf Kreislauf und Herztätigkeit aus, und schnelles, regelmäßiges Zufußgehen verringert das Risiko eines Herzinfarkts signifikant.[13] Deshalb sind Hunde so gute Herztherapeuten. Sie halten uns auf Trab. Wir können gar nicht anders, als dreimal am Tag loszulaufen. Die Gefahr, zu lange am Schreibtisch hängen zu bleiben, ist durch sie definitiv gebannt.

Das Laufen bringt nicht nur unseren Körper in Schwung, sondern auch unsere blockierten Gefühle und festgefahrenen Gedanken ins Fließen. Laufen befreit unseren Geist und öffnet unser Herz. Das ist die Erfahrung, die wir auf jeder Wanderung und jedem Pilgerweg machen können. Mit jedem Schritt, den wir vorangehen, kommen wir uns selbst näher und eröffnen wir neue Räume in unserem Inneren. Darin liegt die Faszination der Pilgerbücher, die sich seit einigen Jahren großer Beliebtheit erfreuen: Sie geben unserer Sehnsucht Ausdruck, sich den Sinn des Lebens zu erlaufen. Loslaufen, um schließlich bei sich selbst anzukommen. Der Pilgerweg wird zum Lebensweg. Neben Hape Kerkelings Pilgerbuch *Ich bin dann mal weg* inspirierte mich insbesondere das Buch der Amerikanerin Cheryl Strayed *Der Trip. Tausend Meilen durch die Wildnis zu mir selbst*, die sich in einer schweren Lebenskrise alleine mit einem viel zu schweren Rucksack auf einen wochenlangen Weg durch die Wildnis der USA machte. Weitergehen, Schritt für Schritt, auch wenn alle Knochen schmerzen, die Füße brennen und man unter dem Gewicht des Rucksacks in die Knie zu gehen droht. Damit lehrt der Pilgerweg den Menschen auch, nur die wesentlichen Dinge mit auf den Lebensweg zu nehmen und sich von überflüssigem Ballast zu befreien. Bereits mit dem ersten Schritt beginnt das Abenteuer der Selbstfindung, denn alles, was uns auf diesem Weg begegnet, alle Strapazen und Gefahren, die Hitze, Kälte und Einsamkeit, verändern uns im Innern. Jede Herausforderung, die wir auf dem Weg bestehen, stärkt unsere Zuversicht und unser Vertrauen in das Leben. Es ist der Weg, der uns verändert. Er wird zu einer Pilgerschaft des Herzens.

 ## Fragen Sie sich:

» Wohin möchte mein Weg mich führen?
» Wonach sehnt sich mein Herz?
» Was hindert mich daran, meiner Sehnsucht zu folgen?

 ## Kleine Anregung

Fragen Sie sich: Was ist es, was ich schon immer einmal tun wollte? Was reizt mich, lockt mich, was bereitet mir diesen aufregenden Kitzel in der Magengrube, jagt mir vielleicht sogar einen kleinen Schauer der Furcht über den Rücken? Nehmen Sie sich die Zeit und schreiben Sie spontan alle Dinge auf, die Sie gerne einmal tun möchten, bislang aber noch nicht gewagt haben. Welche Reise wollten Sie schon immer antreten, welche Sehnsuchtsorte locken Sie, welche Abenteuer reizen Sie? Hängen Sie sich die Liste an einen gut sichtbaren Ort und ermutigen Sie sich dazu, einige dieser Herzenswünsche in der nächsten Zeit zu erfüllen.

 ## Den Pilgerweg zum Herzen gehen

Nehmen Sie sich vor, in den kommenden Tagen zu einer Wanderung in die Natur aufzubrechen. Tun Sie dies alleine oder mit einem stillen Gefährten wie Ihrem Hund. Betrachten Sie diese Wanderung als einen Pilgerweg zu Ihrem Herzen. Nehmen Sie hierfür eine zentrale Frage Ihres derzeitigen Lebens mit auf den Weg. Stellen Sie sich beim Laufen immer wieder dieser Frage und lassen Sie die Antworten beim Laufen von selbst entstehen. Wenn Sie derzeit keine zentrale Frage haben, dann gehen Sie auf dieser Wanderung in Zwiesprache mit Ihrem Herzen. Fragen Sie es, was es sich wünscht, wonach es sich sehnt, was es beschwert, was es glücklich macht.

Zur Vision des Herzens finden

Sag mir, was hast du vor
mit deinem einen, wilden,
kostbaren Leben?

Mary Oliver

Visionen sind die Leuchtfeuer unseres Lebens. „Alles beginnt mit der Sehnsucht, immer ist im Herzen Raum für mehr, für Schöneres, für Größeres", schrieb Nelly Sachs. Die Dichterin wusste um die schöpferische Kraft der Lebensvision, die tief im Herzen wohnt und uns vorantreibt, motiviert und inspiriert. Mitunter ist sie zwar verschüttet und fristet ein unbeachtetes Schattendasein, dann aber zeigt sie sich, steigt unvermittelt aus unserem Herzen empor, ergreift uns mit voller Wucht und wirbelt unser Leben durcheinander. Sie lockt uns mit Bildern und Geschichten, verkörpert sich in Menschen, führt uns in fremde Länder oder zur Heimkehr. In unserer Lebensvision wird der Ruf nach einem erfüllten Leben laut, denn in uns allen wohnt eine tiefe Sehnsucht nach uns selbst, nach dem, was wir wirklich sind. Wir wollen unserem Selbst Ausdruck verleihen, authentisch sein, echt sein, nicht das, was andere in uns sehen oder aus uns machen wollen, sondern der Mensch, der wir wirklich sind, ohne uns formen und verformen zu lassen von Konventionen, Regeln und Vorschriften.

Hierfür gilt es, herauszufinden, was das Leben von uns will, und sich zu fragen: Was ist meine Lebensaufgabe? Was sind meine Talente und Fähigkeiten, die ich der Welt zur Verfügung stellen möchte? Welchem Stern folge ich auf meiner Lebensreise? Einem jungen Ratsuchenden, der noch keine befriedigende Antwort auf diese Fragen gefunden hatte, riet der Dichter Rainer Maria Rilke einst: „Leben Sie jetzt die Fragen. Vielleicht leben Sie dann allmählich, ohne es zu merken, eines fernen Tages in die Antwort hinein."

Die Antwort liegt in uns. Früher oder später enthüllt sie sich jedem. Wir müssen nur bereit sein, hinzuhören, nicht damit aufzuhören, zu fragen und zu suchen, bis wir den Ruf vernehmen, zu unserem eigenen Ausdruck, unserer eigenen Stimme finden. Und dann dem Ruf unseres Lebens folgen und ihm treu bleiben. Der Buddhismus nennt dies das Aufwachen zur wahren Wesensnatur. Den Menschen in sich wecken, der noch schläft. Es gibt so viele Möglichkeiten, zu dieser Wesensnatur vorzudringen, wie es Menschen gibt. Jeder hat sein individuelles Set an Möglichkeiten, um immer mehr zu dem zu werden, der er ist, sei es meditierend, philosophierend, arbeitend, tanzend, liebend. Auch wenn nicht jeder von uns seine eigene Bestimmung so klar vor Augen hat wie der Komponist Franz Schubert, der einst sagte: „Ich bin für nichts als das Komponieren auf die Welt gekommen", so verfügt doch jeder von uns über eigene Talente, Begabungen und einzigartige Potenziale, die nach Ausdruck verlangen und gelebt werden wollen. Unser Herz nährt sich dabei aus dem reichhaltigen Fundus unserer Erlebnisse, unserer intensiven Sinneseindrücke, Berührungen, feinen Seelenbewegungen, unserer glücklichen ebenso wie unserer schmerzlichen Erfahrungen. Der Stimme des Herzens zu folgen führt zur Verbundenheit mit uns selbst, mit unseren Mitmenschen, mit der Welt, die uns umgibt. Der Schriftsteller Henry Miller schrieb: „Entwickle Interesse am Leben, so wie du es siehst, an Menschen, Dingen, Literatur, Musik – die Welt ist so reich, sie pulsiert geradezu vor lauter wertvollen Schätzen, schönen Seelen und interessanten Menschen."

Suchen Sie jeden Tag bewusst den Kontakt mit Ihrem Herzen. Befragen Sie es, was es Ihnen mitteilen möchte. Je intensiver Ihr Kontakt zum Herzen ist, desto deutlicher kann sich dieses Gehör verschaffen. Am besten tun Sie das gleich am Morgen nach dem Aufwachen, um es zu öffnen und auf den gemeinsamen Tag einzustimmen. Richten Sie die Bitte an Ihr Herz, dass es Sie gut durch diesen Tag begleiten und Ihnen mit seiner Weisheit beistehen möge. Fragen Sie es, welche Vision es für den heutigen Tag hat und wonach es sich sehnt. Und vor allem: Hören Sie auf Ihre Träume!

Wenn Sie zu den Menschen gehören, die lebhaft träumen und sich nach dem Aufwachen an Ihre Träume erinnern können, dann sollten Sie sich ein Traumtagebuch neben Ihr Bett legen, in das Sie gleich nach dem Aufwachen Ihre Träume niederschreiben. Unsere innere Weisheit enthüllt sich oft in unseren Träumen. Wenn unser Bewusstsein ruht, unser rationaler Verstand schläft, dann kann sich ein tieferes Wissen Gehör verschaffen. Verschlüsselt und mitunter überraschend deutlich nehmen unsere Herzenswünsche Gestalt an, zeigen sich unsere Visionen, offenbart sich ein tieferes Wissen von uns selbst. Träume weisen uns den Weg zur Erfüllung unserer Sehnsucht. Mit ihnen im Gepäck können wir uns auf die Schatzsuche nach dem begeben, was uns wirklich wichtig ist im Leben. „Gehe vertrauensvoll in die Richtung deiner Träume. Lebe das Leben, das du dir vorgestellt hast", rät daher der Schriftsteller Henry David Thoreau, den die Sehnsucht in die Einsamkeit der amerikanischen Wälder führte. Wenn wir unsere Berufung gefunden haben und uns begeistert für eine Sache einsetzen, brennen wir mit ganzem Herzen. Unser Herz ist erfüllt und pulst vor Energie. „Da steckt mein Herzblut drin", sagen wir deshalb von einer Aufgabe oder einer Arbeit, für die wir begeistert sind.

Wir Menschen sind Sinnsucher. Und jeder von uns trägt die Fähigkeit zu einem gelingenden Leben in sich. Jeder hat Begabungen, auch wenn sie vielleicht noch unentdeckt sind. Als der Buddha im Sterben lag und seine Schüler ihn um eine letzte Unterweisung baten, sagte er: „Finde dein eigenes Licht." Diese Aufforderung gilt für jeden von uns. Und sie ist alles andere als leicht zu erfüllen, denn es bedeutet, sich auf die Suche nach dem eigenen Wesenskern zu machen und nach Antworten auf die ultimativen Fragen unseres Lebens zu suchen: Wer bin ich? Was ist der Sinn meines Lebens?

Wer Antworten auf diese Fragen findet, vermag auch schwierige Lebenssituationen leichter zu bewältigen. „Wer ein Warum zum Leben hat, erträgt fast jedes Wie", erkannte der Philosoph Friedrich Nietzsche. Und wer könnte dies glaubhafter bezeugen als der Psychologe Viktor Frankl, der sich einst in Auschwitz vor die Aufgabe gestellt sah, seinen Glauben an das Leben zu bewahren? An diesem Ort des Schreckens reifte seine Existenzanalyse, die von einem unzerstörbaren Vertrauen in die Menschen und die Menschlichkeit zeugt. Sie ist getragen von der Überzeugung, dass es dem Menschen möglich ist, seinem Leben selbst unter lebensfeindlichsten Umständen bis zum letzten Atemzug eine Bedeutung abzuringen. Hierfür braucht er aber etwas oder jemanden, für das oder den es sich zu leben lohnt. Menschsein weist immer über sich selbst hinaus, auf eine höhere Aufgabe, die es zu erfüllen gilt. Es kommt daher weniger darauf an, was wir vom Leben wollen, als darauf, was das Leben von uns will, schlussfolgerte Viktor Frankl, für den der Mensch erst im Dienst am Leben und in der Liebe zu anderen ganz Mensch wird. Ein gelingendes Leben besteht demzufolge darin, sein Potenzial als Mensch entfalten zu können und sich dabei anderen Menschen verbunden zu fühlen. Jeder von uns kennt das Gefühl, mit ganzem Herzen für eine Sache zu brennen, begeistert zu sein von dem, was man tut, sich mit vollem Engagement für etwas einzusetzen, gemeinsam mit anderen Menschen über sich selbst hinauszuwachsen und sich in Wertschätzung miteinander verbunden zu wissen. „Selbsttranszendenz" nannte Viktor Frankl diese Fähigkeit des Menschen, aus sich herauszutreten und in der Hingabe an etwas Größeres aufzugehen. Dies sind die großen Momente unseres Menschseins, und je mehr wir von diesen erleben, desto erfüllter ist unser Leben. Wir erfahren ein tiefes Gefühl von Sinnhaftigkeit und Verbundenheit. So wird die Einkehr in das eigene Herz zur Heimkehr in den tiefen Urgrund des Lebens.

 ## Fragen Sie sich:

» Was motiviert mich?
» Wonach sehnt sich mein Herz?
» Was ist das ganz Eigene, das durch mich in die Welt gebracht werden will?

 ## Ein neuer Tag

Wann haben Sie zuletzt einen Sonnenaufgang miterlebt? Gut möglich, dass dies schon einige Zeit zurückliegt. Nehmen Sie sich vor, die Ankunft eines Tages ganz bewusst mitzuerleben. Wenn die Nacht weicht und die Dämmerung einsetzt, die Vögel ihren Morgengesang anstimmen und die Welt zu neuem Leben erwacht. Suchen Sie sich hierzu einen Ort aus, an dem Sie ungestört sind, vielleicht an einem See oder auch am Meer, vielleicht am Waldrand oder auf einer Dachterrasse mit freiem Blick über die Stadt.

Lassen Sie Ihren Blick schweifen. Lauschen Sie auf die Geräusche des erwachenden Tages. Atmen Sie das, was Sie sehen und hören, tief in Ihr Herz hinein. Jeder neue Tag ist wie ein neues Leben, heißt es in einem alten Schlager. Und es stimmt: Mit jedem Tag können wir das Neue in unserem Leben verwirklichen und der Vision unseres Lebens folgen. Machen Sie sich bewusst: Dieser Tag ist der erste vom Rest Ihres Lebens. Nutzen Sie ihn!

 Zwiegespräch mit der Sehnsucht[14]

Ziehen Sie sich für diese Übung an einen ungestörten und ruhigen Ort zurück. Wichtig ist, dass es sich dabei um einen „Kraftort" handelt, einen Platz also, an dem Sie sich mit der Lebensenergie verbunden fühlen. Das kann der Meditationsplatz in Ihrer Wohnung ebenso wie ein Ort in der Natur sein. Sammeln Sie sich innerlich. Rufen Sie dann Ihre Sehnsucht herbei und bitten Sie diese, sich zu zeigen. Schauen Sie genau hin, welche Bilder vor Ihrem inneren Auge entstehen. Welches hat die größte Anziehungskraft? Fragen Sie dieses Sehnsuchtsbild:

Was möchtest du mir sagen?

Wohin möchtest du mich führen?

Sie werden überrascht sein, wie deutlich die Stimme der Sehnsucht zu Ihnen sprechen wird. Wenn Sie auf diesem Weg erst einmal in Kontakt mit Ihrer inneren Weisheit gekommen sind, können Sie diese jederzeit und überall darum bitten, Ihnen den Weg zu weisen.

Die Stille des Herzens

Schweige und höre.
Neige deines Herzens Ohr.
Suche den Frieden.

Benedikt von Nursia

Wir alle sehnen uns nach Zeiten der Ruhe und suchen nach Orten der Stille und inneren Einkehr. Immer mehr Menschen ziehen sich hierzu in ein abgeschieden gelegenes Kloster auf dem Land zurück oder finden ihren Ruheort in einem Meditationszentrum fernab der täglichen Hektik. Andere machen sich auf die Reise nach Asien, um in buddhistischen Klöstern zum inneren Frieden zu finden.

Doch wer sagt, dass wir in die Ferne pilgern müssen, um zur Stille in uns selbst zu gelangen. Alles, was wir benötigen, so lehren uns die Weisheitswege aus Ost und West, tragen wir bereits in uns. Wie aber können wir diesen Weisheitsschatz in uns heben? Denn erst, wenn es still wird um uns und in uns, können wir die Stimme des Herzens vernehmen. Erst in der Stille öffnen sich neue Erfahrungsräume und kommen wir in Berührung mit dem Wesentlichen. Die Stille ist ein großer Verwandler, die uns mit unserer wahren Sehnsucht in Verbindung bringt. Deshalb ist es wichtig, Orte der Stille im täglichen Leben zu haben und aufzusuchen, sei es ein Rückzugsort in der Natur, eine nahe gelegene Kirche, der eigene Garten oder ein stiller Raum in der eigenen Wohnung. Ein Ort also, an dem wir schweigen können, fernab des täglichen Verkehrslärms und der täglichen Beschallung durch Fernseher und Radio, an dem wir das Handy ausschalten und einkehren in die Stille des Herzens. „Wer aus der Stille lebt", so der Benediktiner Anselm Grün, „den verwandelt die Stille." Dieser Raum der Stille in unserem eigenen Herzen ist immer da, und wir können ihn jederzeit betreten. Wege dorthin bieten Momente der Achtsamkeit und die Versenkung ins Gebet oder die Meditation. Hier können wir uns verbunden erfahren mit etwas, das weit größer ist als wir selbst. Hier können wir einkehren in das Haus Gottes: „Seid stille und erkennet, dass ich Gott bin" (Psalm 46,10).

Allen spirituellen Versenkungswegen gilt die Zurücknahme der Ich-Aktivität als Voraussetzung für die Erfahrung unseres wahren Wesens. Die Weisheitstraditionen aus Ost und West lehren dazu zwei Grundformen, die in diese Erfahrung führen: die Bewusstseinssammlung mithilfe eines Fokus und die absichtslose bzw. gegenstandsfreie Meditation.

In der Bewusstseinssammlung bedienen wir uns eines Fokus zur Bündelung unserer Aufmerksamkeit. Dies kann der Atem, ein Laut oder eine Bewegung sein. Es geht darum, eins zu werden mit diesem Fokus. Alle Weisheitswege kennen heilige Laute. Im Yoga ist dies das heilige „OM", bei den Sufis das „Allah Hu", im Buddhismus das „Om Mani Padme Hum", in der christlichen Kontemplation das „Amen" oder der Name „Jesus Christus". Alle Traditionen nutzen auch den Atem zur Sammlung des Bewusstseins. Das Yoga lehrt darüber hinaus, eins zu werden mit der Bewegung, und der Sufismus kennt die unablässige Drehbewegung, um in der Ekstase Gott zu erfahren. Ziel ist es, so lange mit dem Fokus zu üben, bis man eins wird mit dem Atem, dem Laut oder der

Bewegung. Wenn dies geschieht, öffnet sich eine neue Ebene des Erkennens.

Es ist ein weit verbreitetes Missverständnis zu glauben, dass meditieren bedeutet, völlig frei von Gedanken zu werden. Jeder, der es versucht, wird sehr schnell ernüchtert feststellen, dass dies kaum möglich ist. Gerade Anfänger in der Meditationspraxis müssen oft die Erfahrung machen, von einer Flut an Gedanken überschwemmt zu werden, sobald sie sich auf das Meditationskissen setzen. Nicht von ungefähr vergleicht die buddhistische Psychologie unseren Geist mit einer Affenhorde, die immer dann besonders wild wird, wenn wir uns in die Stille begeben. Das ist völlig normal. Alle Meditierenden kennen das Phänomen. Ruhe und Untätigkeit sind für unseren geschäftigen Geist eine Zumutung. Er ist ja dazu da, um aktiv zu sein, um zu denken, um uns mit Eindrücken aller Art zu versorgen. Wenn wir ihm das verbieten wollen, wird er nur umso wilder und tischt uns immer neue Geschichten und Dramen auf. Die Arbeit mit einem Fokus hilft während der Meditation dabei, die Aufmerksamkeit unseres Geistes zu bündeln.

Gerade der Atem kann als Anker dienen, mit dem Sie sich verbinden und verbünden können. Beispielsweise dadurch, dass Sie in der Meditation beim Ausatmen jeweils bis zehn zählen und dann wieder von vorne beginnen. Oder indem Sie sich beim Einatmen innerlich „ein" und beim Ausatmen „aus" sagen. Kehren Sie immer wieder geduldig zum Atem zurück, wenn Sie feststellen, dass Ihre Gedanken rastlos durch die Gegend schweifen. Atmen Sie aufmerksam ein und aus. Auf diese Weise können Sie sich Ihren Atem zum Verbündeten machen, sodass er zu einer Konstante der Gelassenheit im ständigen Auf und Ab des täglichen Lebens wird.

In allen spirituellen Traditionen finden wir zudem Meditationen und Mantras, die uns bei der Herzensöffnung unterstützen und Liebe und Mitgefühl fördern. Im Christentum gibt es hierfür das Herzensgebet, die älteste Form christlicher Kontemplation, die bereits von den Wüstenmönchen im 4. Jahrhundert praktiziert wurde. Das Herzensgebet ist inniger Ausdruck der Gottesbeziehung und zugleich eine Meditationsform, die bewusst die Liebe im Herzen aktiviert. Die Meditierenden sammeln dabei ihre Aufmerksamkeit im Herzensraum und rezitieren innerlich ein mit Liebe aufgeladenes Wort wie „Jesus Christus", „Amen" oder „Shalom". Es ist eine Form des mantrischen Betens, bei dem ein Wort oder ein Satz unablässig wiederholt und in den Raum des Herzens hineingenommen wird. Dadurch wird das Herzensgebet zu einem leiblichen Beten, das den ganzen Menschen erfasst und sein Herz für die Erfahrung Gottes öffnet.

 ## Herzensgebet

Zur Einübung des Herzensgebets sollten Sie eine aufrechte Sitzposition auf einem Meditationsbänkchen oder einem Stuhl einnehmen. Entscheiden Sie sich dann für ein Wort oder einen Satz, der für Sie am meisten Kraft hat. Neben der Anrufung des Namens „Jesus" wird im Herzensgebet auch oft eine Erbarmungsbitte wiederholt: „Herr Jesus Christus, erbarme dich meiner", oder eine Bitte um Hilfe geäußert: „Herr Jesus Christus, steh' mir bei". Auch der Bibelvers nach Johannes, der die Einheit von Gott und Mensch zum Ausdruck bringt, wird gerne gewählt: „Du in mir, ich in Dir" (Joh 17,21).

Im ersten Schritt wird das Wort oder der Satz halblaut gesprochen, geflüstert oder zumindest mit den Lippen geformt und dann während der Kontemplation unablässig wie ein Mantra wiederholt. Mit der anhaltenden Übung wandert das Wort, der Satz nach innen. Es ist wie das Geländer, das während der Kontemplation Halt gibt und uns immer weiter in die Tiefe führt, bis schließlich Wort und wir eins werden. So kann es schließlich auch zum Begleiter durch den Alltag werden.

Die buddhistische Tradition nutzt für die Herzensöffnung und die Entwicklung von Mitgefühl die Metta-Meditation, auch Liebende-Güte-Meditation genannt. Der Buddhismus lehrt, dass wir alle miteinander verbunden sind und dass es letztlich keine Trennung zwischen Ich und Du gibt. Wie aber können wir dies erfahren? Im Alltag erleben wir uns nur allzu oft getrennt und alles andere als eins mit der Welt und unseren Mitmenschen. Doch auch wenn wir die Erfahrung der Einheit nicht willentlich herbeiführen können, so unterstützt die Metta-Meditation darin, sich dieser Erfahrung zu nähern. Mit der folgenden Metta-Meditation der Herzenswärme öffnen wir unser Herz und laden Liebe, Wertschätzung und Mitgefühl in unser Leben ein.

 ## Meditation der Herzenswärme

Sie können diese Übung auf Ihrem Meditationskissen durchführen, sie aber auch jederzeit im Alltag anwenden, wenn Sie spüren, dass Ihr Herz sich verschließt. Vielleicht mögen Sie während dieser Meditation Ihre Hände auf das Herz legen. Sagen Sie sich innerlich dann immer wieder die folgenden Worte: „Möge ich mit Herzenswärme erfüllt sein." Wiederholen Sie dies so lange, bis Sie spüren, dass sich Herzenswärme und Güte in Ihnen ausbreiten. Dann können Sie damit beginnen, diesen Wunsch auch auf andere

Menschen in Ihrem Leben auszudehnen. Wählen Sie dafür zuerst einen geliebten Menschen, der Ihrem Herzen nahesteht. Wünschen Sie diesem aus vollem Herzen: „Mögest du mit Herzenswärme erfüllt sein." Wenn Sie spüren, dass Ihr Herz offen und weit ist, können Sie diesen Wunsch auch an jemanden richten, mit dem Sie derzeit Schwierigkeiten haben und für den Sie gerne etwas mehr Verständnis und Wohlwollen entwickeln würden. Zum Schluss können Sie diese Bitte in die ganze Welt hinaussenden und allen Menschen Herzenswärme wünschen. Diese Übung ist herzöffnend und herzverbindend und hat gerade dann, wenn wir sie täglich anwenden, eine große Wirkung.

Neben der Bewusstseinssammlung durch einen Fokus kennen alle Weisheitstraditionen auch die absichtslose bzw. gegenstandsfreie Meditation. Im Christentum ist dies die auch als das „Gebet der Ruhe" bezeichnete Kontemplation. Das buddhistische Zen praktiziert *Shikantaza* – einfach sitzen. Es gibt nichts zu tun, einfach nur in bewusster Aufmerksamkeit zu sitzen. Der Taoismus kennt hierfür das *Wu Wei* – ein Zustand der inneren Stille und Absichtslosigkeit, von dem es heißt, dass er zur richtigen Zeit die richtige Handlung ohne Anstrengung des Willens hervortreten lässt. All diese Übungen streben ein Nichtreagieren des Bewusstseins an. Dieses ist zwar hellwach, bindet sich jedoch an nichts. Es wird gleichsam zu einem Spiegel, der alles vorbeiziehen lässt, ohne sich mit etwas zu identifizieren. Alle geistigen und seelischen Kräfte verhalten sich passiv, damit Verstand und Emotionen zur Ruhe kommen können. Indem die Ich-Aktivität zurückgenommen wird, indem das Ich schweigt, kann das auftauchen, was die Mystik unser wahres Wesen nennt.

Der spanische Mystiker Johannes vom Kreuz bezeichnete diese Meditationsform in seinem Buch *Die lebendige Flamme* als

„liebende Aufmerksamkeit". Sie beinhaltet, den Geist in gelassener und heiterer Ruhe zu betrachten. Es ist ein Schauen nach innen in absoluter Aufmerksamkeit und Wachheit, bis Schauender und Geschautes schließlich eins werden. In der Stille, dem Nichttun, erschließen sich dem Menschen neue Erfahrungsräume. Ebenso wie in einem Zensesshin werden in einem Kontemplationskurs daher viele Stunden in ruhigem Sitzen und tiefer Sammlung verbracht. Die kontemplative Übung, die die christlichen Mystiker lehren, unterscheidet sich nur unwesentlich vom Weg des buddhistischen Zen. Der Geist soll von allem frei werden. Was im Zen als Leerheit erfahren wird, benannte der christliche Mönch Johannes vom Kreuz als „Nada", das „Nichts". Dies erfordert das Loslassen aller Vorstellungen und Konzepte. Wir lassen den Geist ruhen. Wir beobachten einfach nur, ohne uns einzumischen. In der Meditationshalle wird dies vor einer leeren Wand praktiziert. Es geht darum, absichtslos im Hier und Jetzt zu ruhen, die Gedanken kommen und gehen zu lassen, ohne sich mit ihnen zu identifizieren und ohne sich mit ihrem Inhalt zu beschäftigen. Einfach nur sitzen. Nicht tun. Keine Aufgabe. Keine Vorgabe. Wie einfach, denken wir noch, bevor wir uns erstmals auf das Kissen niederlassen – nur um kurz darauf feststellen zu müssen, dass unser Geist wie ein ausgehungerter Wolf über uns herfällt und nach einer Beschäftigung schreit. Denn nichts erschreckt ihn mehr, als keine Aufgabe und kein Ziel zu haben. Die absichtslose Meditation, das werden wir sehr schnell feststellen, klingt einfacher als sie ist.

Denn machen wir uns nichts vor – selbst wenn wir meditieren, wollen wir etwas erreichen: Wir wollen gelassener werden, zur inneren Ruhe finden und belastbarer werden. Wir erhoffen uns Gesundheit und einen Zuwachs an innerer Stärke, um mit den Herausforderungen des Lebens besser umgehen zu können. Deshalb strengen wir uns auch in der Meditation an und erwarten viel von ihr. So sind wir in unserer erfolgsorientierten Gesellschaft nun einmal geeicht: Alles, was wir tun, soll einen Zweck erfüllen und uns einem gesteckten Ziel näherbringen. In vielen Bereichen unseres Lebens ist dies auch wichtig und durchaus angebracht. Doch nicht in der absichtslosen Meditation. Hier geht es darum, unseren Ehrgeiz und unseren starken Willen ruhen zu lassen. Wie oft sind wir mit dem Kopf bereits am Ziel, obwohl wir noch mitten auf dem Weg sind? Unser Herz lebt im Jetzt. Und es ist genau diese Diskrepanz zwischen Kopf und Herz, die in uns eine aufreibende Spannung erzeugt. Kennen Sie auch das Gefühl, wenn Ihr Herz Ihrem Kopf hinterhersprinten muss und ihm dabei die Puste ausgeht? Der Kardiologe Paul Pearsall rät daher zum sanften Ritual der Herzkontemplation: unser Herz zur Ruhe bringen, einkehren in die heilsame Stille des Herzens, in sich hineinhorchen, sich einstimmen auf den Augenblick, sich versenken und das Herz beten lassen. Sich mit anderen Herzen im stummen Gebet verbinden. Wenn wir in Gemeinschaft meditieren, dann entsteht ein Synergieeffekt, in dem sich die Herzen zu einem gemeinsamen Energiestrom verbinden. Dies bewirkt, dass wir uns vereint fühlen und unser Leben nicht aus dem Ich, sondern aus dem größeren Wir leben. Das stärkt unser aller Herzen und führt in einen Zustand innerer Gelassenheit, Heiterkeit und Verbundenheit.

 Fragen Sie sich:

» Wann ist für mich die beste Zeit zur Einkehr in die Stille des Herzens?
» Welche Möglichkeiten nutze ich, um meinen Geist zur Ruhe zu bringen?
» Was ist mein Ort der Stille?

In aufrechter Sitzhaltung den Geist ruhen lassen

Unsere Körperhaltung ist Ausdruck unserer inneren Haltung. Durch eine aufrechte Meditationshaltung tragen wir dazu bei, unseren Gefühlszustand zu stabilisieren und in ein inneres Gleichgewicht zu kommen. Es geht dabei nicht um eine perfekte Sitzhaltung, sondern um eine aufmerksame und aufrechte Haltung, in der unser Rücken so gerade wie möglich ist und der Kopf ausbalanciert zwischen den Schultern ruht.

Eine Sitzposition, die gerade für uns untrainierte Westler anzuraten ist, ist der burmesische Sitz. Dabei sitzen Sie auf einem Meditationskissen, und die Unterschenkel liegen voreinander gekreuzt auf der Matte. Insbesondere für Anfänger ist auch der Fersensitz auf einem Meditationsbänkchen anzuraten. Wenn es beschwerlich für Sie ist, auf dem Boden zu sitzen, können Sie ebenso eine aufrechte Sitzhaltung auf einem Stuhl einnehmen. Experimentieren Sie mit Ihrer Sitzhaltung und nehmen Sie den Meditationssitz ein, in dem Sie längere Zeit ohne Schmerzen ausharren können.

In der folgenden Übung geht es darum, den Geist ruhen zu lassen. Nehmen Sie sich einige Minuten Zeit, genau dies zu tun. Es handelt sich dabei um eine sehr alte buddhistische Praxis, die Sie von dem Druck befreit, dass Sie in der Meditation ein Ziel oder einen Zustand erlangen müssten. Sie beobachten einfach nur, was geschicht, ohne sich einzumischen. Sie sind lediglich interessierter Zuschauer. Es mag eine Weile dauern, bis es Ihnen gelingt, einfach nur zuzusehen, ohne sich um das Ergebnis zu kümmern.

Lassen Sie es einfach geschehen. Lassen Sie los, als hätten Sie gerade eine lange und schwierige Arbeit hinter sich gebracht. Sie müssen nichts tun, Sie müssen auch nichts richtig machen. Was auch passiert, ob Gedanken oder Gefühle aufkommen, ob Sie Geräusche wahrnehmen oder Ihr Bewusstsein ganz still ist, alles ist schlicht Teil der Erfahrung, den Geist ruhen zu lassen.

Den göttlichen Funken
im Herzen zünden

*Gottsuche ist die treibende Kraft
im Menschenherzen.*

David Steindl-Rast

In das Herz eines jeden Menschen, so sagen die Sufis, legte Gott in seinem Schöpfungsakt einen göttlichen Funken. Diesen Funken zu finden, ihn zu entfachen und zum Brennen zu bringen, sodass er den ganzen Menschen mit seinem Feuer erfasst und sein Wesen aufgeht in göttlicher Liebe, darin erblicken die Liebesmystiker des Sufismus die Lebensaufgabe eines jeden Menschen. Wer einmal vom Geschmack dieser Liebe gekostet hat, ist ein Wissender, und nichts kann ihn davon abhalten, ihrem Ruf zu folgen. Um die Einheit mit Gott zu erfahren, entwickelten die Sufis eine regelrechte Herzenswissenschaft. Die Liebe gilt ihnen nicht nur als kosmische Kraft, die alles erschaffen hat, sondern auch als der Wesenskern eines jeden Menschen. Der Sitz dieser Liebe ist das menschliche Herz. In ihm offenbart sich Gott dem Menschen. Das Herz wird damit zum Ort der Vereinigung mit dem Göttlichen. Die Beziehung zwischen Gott und Mensch, zwischen dem Liebenden und dem Geliebten, ist lebendig, leidenschaftlich und von

Liebe entflammt. So rief der persische Liebesdichter Maulana Rumi aus: „Für die Liebe opfere ich mein Leben. Nie werde ich aufhören zu lieben!"

Auch in der christlichen und der jüdischen Mystik gilt das menschliche Herz als Erfahrungsraum des Göttlichen. Entscheidend hierfür ist, dass wir unser Herz öffnen. Für den Ordensgründer Benedikt von Nursia galt die Weite des Herzens als das Kennzeichen wahrer Spiritualität, da Gott nur in einem weiten Herzen zu wohnen vermag. Das allererste Wort seiner Ordensregel lautete: „Horche!" Damit ist eine besondere Art des Horchens gemeint, ein Hinhorchen des Herzens. Aus biblischer Sicht kommen alle Dinge durch Gottes schöpferisches Wort in die Welt. Daher ist das menschliche Herz dazu aufgerufen, zu horchen und zu antworten. Gottes Wort, so der Kirchenlehrer Augustinus, entfacht den göttlichen Funken im Herzen zur heiligen Flamme, wodurch der Mensch Gott erkennen kann. Als Folge erfährt er die Liebe Gottes in allem und fühlt seine Verbundenheit mit allen Wesen. Meister Eckhart, der große Mystiker des christlichen Mittelalters, gab dieser Erfahrung mit den folgenden Worten Ausdruck: „Der erkennt Gott recht, der ihn in *allen* Dingen gleicherweise erkennt." Und Jesus selbst machte in der Bergpredigt deutlich, dass die Gottesschau nur mit dem Herzen möglich ist: „Selig sind die, die reinen Herzens sind, denn sie werden Gott schauen" (Mt 5,8).

Das Herz als Ort der Gottesbegegnung ist damit zugleich auch der Ort, an dem wir uns für unsere Mitmenschen öffnen. Der göttliche Funke, der in jedem brennt, vereint alle Menschen, gleich welcher Herkunft, Religion oder Kultur. In jedem Menschen können wir Gott ehren. Die im Hinduismus geläufige Grußformel, die Handflächen vor dem Herzen zusammenzulegen und einander „Namaste" zu wünschen, bringt dies in wunderbarer Weise zum Ausdruck, denn sie bedeutet übersetzt: „Ich grüße das Göttliche in dir." Wenn es uns gelingt, im anderen das Göttliche zu erkennen, werden wir ihn mit der Wertschätzung und Achtung behandeln, die jeder Mensch verdient. Und wenn wir an das Gute im Menschen glauben, dann öffnen wir einen Kanal zum Herzen unseres Gegenübers und erhalten Zugang zu seiner inneren Güte.

Bei manchen Menschen ist dieser göttliche Funke zu einem sichtbaren Feuer entfacht und sie bieten uns Wärme. In ihrer Nähe spüren wir, wie der eigene Funken zu lodern beginnt. Bei anderen Menschen glüht der Funke noch im Verborgenen, und es ist an uns, ihn anzuheizen, in die Glut zu pusten, sodass die Funken fliegen.

Die innere Güte in anderen Herzen finden[15]

Diese Übung kann Sie darin unterstützen, sich auf die Suche nach der inneren Güte im Herzen eines jeden Menschen zu machen.

Fassen Sie den Entschluss, einen ganzen Tag lang nach dieser inneren Güte Ausschau zu halten. Nutzen Sie Begegnungen und Gespräche mit Menschen dazu, sich auf die Suche nach dem göttlichen Funken im Herzen Ihres Gegenübers zu machen. Sie werden wahrscheinlich schnell feststellen, dass dies bei manchen Menschen schwieriger ist als bei anderen. Fangen Sie daher mit den Menschen an, bei denen es Ihnen leichter fällt, am besten bei denen, die Ihnen nahe stehen und denen Sie freundschaftlich und liebevoll verbunden sind. Wenn Sie die ersten positiven Erfahrungen mit dieser Übung gemacht haben, können Sie diese auch auf Unbekannte und auf schwierige Zeitgenossen ausweiten. Versuchen Sie, allen Menschen, denen Sie begegnen, mit Aufmerksamkeit und liebevollem Respekt zu begegnen. Diese Übung empfiehlt sich besonders in Zeiten, in denen

Sie das Gefühl haben, dass Ihr Herz den göttlichen Funken in den Herzen der anderen Menschen nicht mehr so recht erspüren kann.

In uns allen brennt die Sehnsucht nach dem Wunderbaren, dem Göttlichen, dem Unendlichen. Wir sehnen uns nach Vereinigung und Verschmelzung mit diesem Urgrund, aus dem wir kommen und in den wir zurückkehren. Die leidenschaftliche Suche des Herzens führt uns durch alle Höhen und Tiefen des Seins, sie mündet in beglückende Zeiten der Einheit mit dem Göttlichen und wirft uns erneut heraus in schmerzvolle Zeiten der Trennung und Gottesferne. Jede weltliche Liebe, so lehren die Mystiker, ist letztlich Ausdruck unserer Sehnsucht nach Heimkehr, ein Trennungsschmerz, der nicht aufhört, bis unser Herz zurückkehrt in die große Einheit, in der alle Herzen beheimatet sind. In dieser Einheitserfahrung erkennen wir im anderen Menschen uns selbst, in ihr steigt ein universales Mitgefühl auf, das andere Menschen einschließt, in ihr begreifen wir die göttliche Liebe als unser wahres Wesen. „Reisende sind wir, unterwegs durch die Welt zum ewigen Zuhause", schrieb der Dichter Joseph von Eichendorff. Und Maulana Rumi goss diese tiefe Sehnsucht des Menschen nach Heimkehr in die poetischen Worte: „Ich habe die ganze Welt auf der Suche nach Gott durchwandert und ihn nirgendwo gefunden. Als ich wieder nach Hause kam, sah ich ihn an der Tür meines Herzens stehen. Und er sprach: ‚Hier warte ich auf dich seit Ewigkeiten.' Da bin ich mit ihm ins Haus gegangen."

 Fragen Sie sich:

» Welcher spirituellen Weisheitstradition fühle ich mich verbunden?

» Wie kann ich den göttlichen Funken in meinem Herzen entfachen?
» Worin erkenne und erfahre ich das Göttliche?

Visualisierungsübung:
Den göttlichen Funken im Herzen entfachen

Vor dieser Übung empfiehlt es sich, die Yoga-Übung zur Öffnung des Herzens durchzuführen, die Sie auf Seite 37 finden.

Setzen Sie sich anschließend auf Ihr Meditationskissen oder einen Stuhl. Schließen Sie die Augen und atmen Sie bewusst in Ihr geweitetes Herz hinein. Stellen Sie sich nun vor, wie eine kleine Flamme in Ihrem Herzen Gestalt annimmt. Visualisieren Sie, wie diese brennt und immer größer wird, leuchtet und schließlich Ihren ganzen Brustraum mit wärmendem Feuer erfüllt. Wenn Sie Schwierigkeiten mit der Visualisierung der Flamme haben, kann Ihnen eine Kerze helfen, die Sie während der Meditation anblicken und deren Abbild Sie in Ihr Herz nehmen. Spüren Sie, wie das Licht sich in Ihrem Herzen ausbreitet und es mit Wärme erfüllt. Lassen Sie die Wärme sich in Ihrem ganzen Körper und über die Körpergrenzen hinaus ausbreiten. Spüren Sie, wie Ihr Herz sich mit göttlichem Feuer füllt.

Schlussbetrachtung

Im Herzen eines Menschen
ruht der Anfang und das
Ende aller Dinge.

Leo Tolstoi

Ich schreibe diese Zeilen unter dem blauen Himmel von Berlin. Vor meinem Fenster wiegen sich die Platanen im sanften Frühlingswind. Es ist der Morgen meines 52. Geburtstags. Vor etwas mehr als einem Jahr habe ich dieses Buch begonnen. Ich blicke zurück auf eine bewegte und heilsame Zeit. Dieses Jahr hat mich das Staunen gelehrt. Und mir neue Einblicke in die Kostbarkeit des Lebens beschert.

Heute weiß ich besser denn je, dass das Leben ein Geschenk ist, keine Selbstverständlichkeit. Dass Gesundheit ein wertvolles Gut ist, das unserer aktiven Mitwirkung bedarf. Und dass ein kraftvolles und glückliches Herz unseren täglichen Einsatz braucht.

Doch wer sich einmal dafür entschieden hat, den Weg des Herzens zu gehen, wird reich beschenkt. Mein Leben hat an Tiefe, Lebensfreude und Vitalität gewonnen. Manche Dinge, die mir früher noch wichtig erschienen, sind es heute nicht mehr. Andere haben an Bedeutung gewonnen. Die Fürsorge für mich und andere ist gewachsen – und mit ihr die Erkenntnis, wie tief wir alle miteinander verbunden sind. Darum geht es doch letztlich: mit einem offenen Herzen zu leben. Liebe und Mitgefühl zwischen den Menschen zu stärken. Und mit einem friedvollen Herzen zu mehr Frieden in der Welt beizutragen.

Sollte es mir mit diesem Buch gelungen sein, Ihnen, liebe Leserinnen und Leser, einige Impulse für ein Leben mit Herz zu geben, dann stimmt mich dies glücklich. Denn das wünsche ich Ihnen: ein gelingendes Leben. Ein erfülltes Leben. Ein Leben mit Herz eben.

Literaturtipps und hilfreiche Links

Bossing, Wolfgang: *Die heilende Kraft des Singens*. Battweiler: Traumzeit-Verlag 2006.

Ceming, Katharina; Spannbauer, Christa: *Der spirituelle Notfallkoffer*. München: Trinity 2015.

Ebert, Andreas; Musto, Peter: *Praxis des Herzensgebets. Einen alten Meditationsweg neu entdecken*. München: Claudius 2013.

Eckert, Achim: *Das heilende Tao*. Freiburg: Bauer 2002.

Feild, Reshad: *Die Alchemie des Herzens*. Bielefeld: Aurum 2004.

Hoystad, Ole Martin: *Kulturgeschichte des Herzens: Von der Antike bis zur Gegenwart*. Köln: Böhlau 2006.

Jäger, Willigis: *Über die Liebe*. München: Kösel 2009.

Kabat-Zinn, Jon: *Im Alltag Ruhe finden. Meditationen für ein gelassenes Leben*. München: KnaurMensana 2010.

Kornfield, Jack: *Das weise Herz*. München: Arkana 2008.

Lehrhaupt, Linda: *Die Wellen des Lebens reiten*, herausgegeben von Christa Spannbauer. München: Kösel 2012.

Nidiaye, Safi: *Das Tao des Herzens*. Berlin: Ullstein 2004.

Papa, Baptist de: *The Power of the Heart*. München: KnaurMensana 2014.

Platsch, Anna: *Schreiben als Weg. Von der kreativen Kraft des Wortes*. Bielefeld: Kamphausen 2014.

Roth, Gabrielle: Totem. *Das Praxisbuch der fünf Rhythmen*. Berlin: Ullstein 2007.

Rumi, Maulana Dschalaldin: *Liebesmystik. Gedichte aus dem Diwan*. Weitra: Bibliothek der Provinz 2004.

Spannbauer, Christa; Gonschior, Thomas: *Mut zum Leben. Die Botschaft der Überlebenden von Auschwitz*. München: Europa-Verlag 2014.

Spannbauer, Christa: *Im Haus der Weisheit. Spirituelle Lehrerinnen und Lehrer sprechen über ihre Visionen für unsere Zeit*. München: Kösel 2008.

Steindl-Rast, David: *Achtsamkeit des Herzens*. Freiburg im Breisgau: Herder 2006.

Tamaro, Susanna: *Geh, wohin dein Herz dich trägt*. Zürich: Diogenes 1998.

Wecker, Konstantin; Glassman, Bernhard; Spannbauer, Christa: *Die revolutionäre Kraft des Mitgefühls*. München: Goldmann 2012.

Medizinische Ratgeber für das Herz:

Bopp, Annette; Breitkreuz, Thomas; Fried, Andreas; Gruber, Jakob: *Das Herz stärken. Ganzheitliche Selbsthilfe bei Infarkt und Herzschwäche*. München: GU 2011.

Bopp, Annette; Fried, Andreas; Friedenstab, Ursula: *Die Havelhöher Herzschule*. Stuttgart: Freies Geistesleben 2009.

Childre, Doc; Howard, Martin: *Die HerzIntelligenzMethode*. Freiburg: VAK 2012.

Görlitz, Eckhart: *Herz-Zeit*. Berlin: Econ 2005.

Grönemeyer, Dietrich: *Dein Herz: Eine andere Organgeschichte*. Frankfurt: Fischer 2012.

Nichterl, Claudia: *Kochen für's Herz. Genussvoll vorbeugen – Natürlich heilen*. Schwarzenbek: Cadmos 2011.

Ornish, Dean: *Revolution in der Herztherapie*. Holzminden: Lüchow 2009.

Ornish, Dean: *Die Ornish-Herz-Diät*. Stuttgart: Kreuz Verlag 1996.

Pearsall, Paul: *Heilung aus dem Herzen*. München: Goldmann 1999.

Peters, Marcus: *Gesundmacher Herz. Wie es uns steuert, verbindet und heilt*. Freiburg: VAK 2013.

Siegfried, Ingeborg; Müller-Schubert, Antje: *Frauenherzen schlagen anders! Risiko Herzinfarkt: Symptome richtig deuten*. München: Falken 2002.

Singerhoff, Lorelies: *Weiblich, 44, Herzinfarkt. Wie Frauen den Knock-Out vermeiden*. Stuttgart: Kreuz Verlag 2004.

Zeitschriften:

Spiegel Wissen. *Mein Herz*. 3/2012.

Tagesspiegel. *Gesund. Themenheft Herz, Kreislauf & Gefäße*. 01/2015.

Hilfreiche Internetseiten zur Herzforschung:

www.herzstiftung.de (Deutsche Herzstiftung. Hier können Sie online einen Herztest machen.)

www.herzschule.org (Havelhöher Herzschule)

www.herzintakt.net (Landesarbeitsgemeinschaft Herz und Kreislauf in Schleswig-Holstein)

www.wellnessverband.de/herz (Deutscher Wellnessverband mit Schwerpunkt Herztherapie nach Dean Ornish)

www.herzgesund-leben.de (Herzgesund leben e.V., Deutscher Verband für ganzheitliche Herztherapie nach Dean Ornish)

www.zontagoldenheart.com (Informationen zum Herzen speziell für Frauen)

Anmerkungen

1 Vgl. http://www.spiegel.de/wissenschaft/mensch/bei-chorsaen-gern-schlagen-die-herzen-synchron-a-910129.html.

2 Vgl. http://www.medizinauskunft.de/artikel/liebe/Zusammen-leben/01_09_liebe.php.

3 Vgl. http://www.stern.de/wissen/gesund_leben/herztod-singles-sterben-oefter-an-gebrochenem-herzen-529105.html.

4 Doc Childre, Howard Martin: *Die HerzIntelligenzMethode.* Kirchzarten: VAK 2012, S. 283 ff.

5 Christa Spannbauer, Thomas Gonschior: DVD: *Mut zum Leben. Die Botschaft der Überlebenden von Auschwitz.* Berlin: Absolut Medien 2013.

6 Paul Reps: *Ohne Worte – ohne Schweigen. 101 Zen-Texte.* Bern, München, Wien: O.W. Barth 1987, S. 40.

7 Vgl. http://www.spiegel.de/gesundheit/psychologie/freundschaf-ten-sind-gut-fuer-die-gesundheit-a-954153.html.

8 Die Inspiration zu dieser Übung verdanke ich Safi Nidiaye und ihrem Buch *Das Tao des Herzens.*

9 Vgl. Willigis Jäger: *Über die Liebe.* München 2009, S. 48.

10 Die Inspiration für diese Übung verdanke ich Anna Platsch und ihrem Buch *Schreiben als Weg.*

11 Vgl. http://www.zeit.de/zeit-wissen/2010/06/Optimismus-Positives-Denken.

12 Leicht abgewandelte Übung aus dem Buch von Dean Ornish: *Die Revolution in der Herztherapie.* Holzminden: Lüchow 2009.

13 Vgl. New England Journal of Medicine, Bd. 347, 2002.

14 Aus: Katharina Ceming, Christa Spannbauer: *Der spirituelle Notfall-koffer. Erste Hilfe für die Seele.* © 2015 Trinity Verlag, München.

15 Aus: Jack Kornfield: *Das weise Herz.* © 2008 Arkana Verlag, München, in der Verlagsgruppe Random House GmbH, Übersetzung Elisabeth Liebl.

Erleben Sie das Wunder des Jetzt!

104 Seiten | Gebunden
ISBN 978-3-451-31574-9

40 Tage achtsam leben: Anregend und alltagsnah eröffnet dieser Fastenzeitbegleiter neue Horizonte, um die sieben Wochen der Fastenzeit einmal anders zu denken. Mit praktischen Tipps und Impulsen lädt er dazu ein, die Fülle des Augenblicks zu spüren und das Leben mit allen Sinnen zu genießen.

In jeder Buchhandlung!

HERDER

www.herder.de